Michail Bulgakow:
Das Leben des Herrn de Molière
Roman

Deutsch von Thomas Reschke

Deutscher
Taschenbuch
Verlag

Von Michail Bulgakow
sind im Deutschen Taschenbuch Verlag erschienen:
Der Meister und Margarita (10168)
Wohnraum auf Rädern (10369)
Hundeherz (10988)
Die weiße Garde (11180)

Ungekürzte Ausgabe
April 1991
Deutscher Taschenbuch Verlag GmbH & Co. KG,
München
Lizenzausgabe mit freundlicher Genehmigung des
Luchterhand-Literaturverlags, Frankfurt
Titel der russischen Originalausgabe:
›Žizn' gospodina de Mol'era‹
© 1970 Verlag Volk und Welt, Berlin/DDR
© 1971 Hermann Luchterhand Verlag GmbH & Co. KG,
Darmstadt und Neuwied · ISBN 3-472-61387-4
Umschlaggestaltung: Celestino Piatti
Gesamtherstellung: C. H. Beck'sche Buchdruckerei,
Nördlingen
Printed in Germany · ISBN 3-423-11366-9

Das Buch

»Was verstehen Sie unter bedeutend? Dieser Säugling wird bekannter werden als Ihr derzeit herrschender König Ludwig der Dreizehnte...« So spricht der Verfasser in einem imaginären Dialog zu der Hebamme, die am 15. Januar 1622 Jean-Baptiste Poquelin ans Licht der Welt verhilft, der sich später Molière nannte. Wer den Romancier und Dramatiker Bulgakow kennt, wird sich nicht wundern, daß er sich mit dem Leben eines Mannes beschäftigte, der sich gegen Intrigen und Zensur eines absolutistischen Hofes durchsetzen mußte. Aus dieser Arbeit entstanden zwei Theaterstücke und in den Jahren 1932/33 dieser Roman, in dem er indirekt Auskunft gibt über seine eigene Situation, die in den dreißiger Jahren immer schwieriger wurde, bis seine Bücher verboten wurden und seine Stücke nicht mehr aufgeführt werden durften. Hinter dieser heiter-tragischen Lebensgeschichte blickt Bulgakow uns augenzwinkernd an und grüßt Molière, seinen fernen Bruder im Geiste. »Bulgakow glaubte an die Zukunft seiner Werke, glaubte, daß er als Künstler seinen Platz in der russischen Literatur einnehmen würde«, schrieb Viktor Petelin 1969 in der Moskauer Zeitschrift ›Ogonjok‹. »Er hat sich nicht geirrt.«

Der Autor

Michail Afanasjewitsch Bulgakow wurde am 15. Mai 1891 in Kiew geboren, studierte Medizin, war als Arzt und Journalist tätig. 1921 ging er nach Moskau, wo er eine Stelle als Regieassistent bekam. Stalin las seine Arbeiten mit Vergnügen, so sagt man, hat ihre Veröffentlichung jedoch strikt untersagt. Bulgakow schrieb zahlreiche Stücke, die nicht aufgeführt werden durften, und seine bedeutendsten Prosawerke konnten erst nach seinem Tod veröffentlicht werden. Er starb am 10. März 1940 in Moskau. Rehabilitiert wurde er Mitte der sechziger Jahre. Weitere Werke: ›Hundeherz‹ (dt. 1968), ›Die weiße Garde‹ (1925; dramatisiert als ›Die Tage der Geschwister Turbin‹, 1926), ›Aufzeichnungen eines Toten‹ (1965), ›Der Meister und Margarita‹ (1966/67), Romane.

Inhalt

Prolog 7
 1. Im Affenhaus.. 13
 2. Die Geschichte von zwei Theaterfreunden 16
 3. Orviétan für den Großvater? 22
 4. Nicht jeder möchte Tapezierer sein 23
 5. Zum höheren Ruhme Gottes 25
 6. Unwahrscheinliche Abenteuer 32
 7. Die illustre Bande 35
 8. Wanderschauspieler 43
 9. Prinz Conti betritt die Szene 52
10. Aufgepaßt, Burgunder, Molière kommt! 62
11. Brouhaha! 64
12. Im Kleinen Bourbon 71
13. Der blamierte blaue Salon 77
14. Wer den Wind sät 83
15. Der geheimnisvolle Herr Ratabon 86
16. Die traurige Geschichte des eifersüchtigen Prinzen . 92
17. Nach dem Tode des eifersüchtigen Prinzen 95
18. Wer ist sie? 101
19. Die Schule des Dramatikers 107
20. Der ägyptische Gevatter 114
21. Der Blitz erschlage diesen Molière 123
22. Der gallige Verliebte 128
23. Das magische Klavizimbel 130
24. Auferstehung und erneuter Tod 133
25. Amphitryon 137
26. Die große Auferstehung 141
27. Herr von Pourceaugnac 142
28. Der Ägypter verwandelt sich in Neptun, Neptun in
    Apollo und Apollo in Ludwig 144
29. Gemeinsames Schaffen 149
30. Szenen im Park 151
31. Madeleine geht 154
32. Der böse Freitag 157
33. Erde bist du 163
Epilog 168

Prolog
Ich unterhalte mich mit der Hebamme

> Was hindert mich, lachend die Wahrheit zu sagen?
> *Horaz*

> Molière war ein berühmter französischer Komödiendichter im Reiche Ludwigs XIV.
> *Antioch Kantemir*

Eine Hebamme, die ihre Kunst bei der berühmten Louise Bourgeois im Christlichen Entbindungshaus zu Paris erlernt hatte, entband am 13. Januar 1622 die liebreizende Madame Poquelin, geborene Cressé, von ihrem ersten Kind, einem frühgeborenen Säugling männlichen Geschlechts.

Ich kann mit Sicherheit sagen: Wäre es mir gelungen, der ehrbaren Wehmutter begreiflich zu machen, wen sie da holte, so hätte sie womöglich vor Aufregung dem Säugling einen Schaden zugefügt – und damit ganz Frankreich.

Nun denn: Ich trage einen Rock mit riesigen Taschen und halte in der Hand nicht eine Stahl-, sondern eine Gänsefeder. Vor mir brennen Wachskerzen, und mein Gehirn arbeitet rege.

»Gnädige Frau«, sage ich, »gehen Sie vorsichtig mit dem Säugling um und denken Sie daran, daß er vorzeitig zur Welt gekommen ist. Der Tod dieses Säuglings würde für Ihr Land einen schweren Verlust bedeuten.«

»Du lieber Gott! Madame Poquelin wird einen anderen gebären!«

»Madame Poquelin wird so einen nie wieder gebären und ebenso keine andere Madame in den nächsten Jahrhunderten.«

»Ihr setzt mich in Erstaunen, Herr!«

»Ich bin selber erstaunt. Begreifen Sie doch, dreihundert Jahre später werde ich in einem fernen Land mich Ihrer nur deshalb erinnern, weil Sie den Sohn von Monsieur Poquelin in Händen gehalten haben.«

»Ich habe schon bedeutendere Säuglinge in Händen gehalten.«

»Was verstehen Sie unter bedeutend? Dieser Säugling wird bekannter werden als Ihr derzeit herrschender König Ludwig der Dreizehnte und berühmter als Ihr nächster König, und diesen König, Madame, wird man Ludwig den Großen oder den Sonnenkönig nennen! Es gibt ein fernes Land, gute Frau, Sie kennen es nicht, das Moskowitische Reich. Die Menschen dort reden in einer für Ihr Ohr seltsamen Sprache. In dieses Land werden bald die Worte dessen dringen, den Sie soeben holen. Ein Pole, Hofnarr des Zaren Peter des Ersten, wird sie in jene barbarische Sprache übertragen, und das bereits nicht aus der Ihrigen, sondern aus der deutschen Sprache.

Der Narr, genannt König der Samojeden, Übersetzer im Dienste des russischen Zaren, wird mit kratzendem Kiel krakelige Zeilen niederschreiben und so die Worte Ihres Säuglings aus seiner Komödie ›Die lächerlichen Preziösen‹ wiedergeben:

›GORGIBUS. Ihr scheint, weiß Gott, einen beträchtlichen Aufwand zum Einfetten Eures Gesichts für unentbehrlich zu halten. Und nun erzählt mir mal, was Ihr mit den beiden Herren angefangen habt, die sehr kühl waren, als ich sie soeben das Haus verlassen sah ...‹*

In der ›Beschreibung der Komödien welche genannt sind im Staatlichen Ministerialerlaß vom 30. Mai des Jahres 1709‹ werden unter anderem folgende Stücke erwähnt: die Komödie ›Vom geschlagenen Doktor‹ (oder ›Der gezwungene Arzt‹) und ein anderes – ›Das Geschlecht des Herkules, darin Jupiter die Hauptperson‹. Wir erkennen sie. Das erste ist ›Der Arzt wider Willen‹, eine Komödie dieses Ihres Säuglings, und das zweite ›Amphitryon‹, ebenfalls von ihm. Es ist derselbe ›Amphitryon‹, den Sieur de Molière im Jahre 1668 mit seinen Komödianten in Paris uraufführen wird, in Anwesenheit Pjotr Iwanowitsch Potjomkins, Gesandten des Zaren Alexej Michailowitsch.

Sie sehen also, die Russen werden erfahren von dem Menschen, den Sie soeben holen, und das noch in diesem Jahrhundert. Oh, Verbindung der Zeiten! Oh, Ströme der Aufklärung! Die Worte dieses Kindes wird man ins Deutsche übersetzen, ins Englische, ins Italienische, ins Spanische, ins Holländische. Ins Dänische, Portugiesische, Polnische, Türkische, Russische ...«

»Ist es die Möglichkeit, Herr!«

»Unterbrechen Sie mich nicht, Madame! Ins Griechische! Will sagen, ins Neugriechische. Aber auch ins Altgriechische. Ins Ungarische, Rumänische, Tschechische, Schwedische, Armenische, Arabische!«

»Herr, Ihr setzt mich in Erstaunen!«

»Oh, daran ist noch wenig Erstaunliches. Ich könnte Ihnen

---

* Sämtliche Molière-Zitate sind nach der im Insel-Verlag, Leipzig, erschienenen Ausgabe der Übersetzungen von Luther, Schröder und Wolde wiedergegeben.

Dutzende von Schriftstellern nennen, die in andere Sprachen übersetzt wurden und nicht einmal verdient hätten, in ihrer Muttersprache gedruckt zu werden. Dieser aber wird nicht nur übersetzt werden, nein, man wird Stücke über ihn schreiben, allein Ihre Landsleute werden Dutzende verfassen. Italiener werden solche Stücke schreiben, unter ihnen Carlo Goldoni, der, wie es heißt, ebenfalls unter dem Beifall der Musen geboren wurde, und auch Russen.

Nicht nur bei Ihnen, auch in anderen Ländern wird man Nachahmungen seiner Stücke verfassen und seine Stücke umarbeiten. Gelehrte der verschiedensten Länder werden eingehende Untersuchungen seiner Werke anstellen und sein geheimnisvolles Leben Schritt für Schritt zu verfolgen suchen. Sie werden Ihnen beweisen, daß der Mensch, der soeben in Ihren Händen schwache Lebenszeichen von sich gibt, viele Schriftsteller künftiger Jahrhunderte beeinflussen wird, darunter solche wie meine – Ihnen unbekannten, mir aber bekannten – Landsleute Gribojedow, Puschkin und Gogol.

>   Mit Recht! Den macht kein Höllenschlund erbeben,
>   der einen Tag mit euch vermocht zu leben
>   und doch nicht den Verstand verlor!
>   Nur fort aus Moskau, fort! Die Welt will ich durchjagen,
>   bis sich für mein beleidigtes Gefühl
>   ein stiller Winkel auftut als Asyl...

Diese Zeilen stammen aus dem Finale des Stücks ›Verstand schafft Leiden‹ von meinem Landsmann Gribojedow.

>   Doch ich – von allen Seiten
>   Verraten und verfolgt, gehaßt, geschmäht, verlacht –
>   Aus diesem Pfuhl, in dem das Laster breit sich macht,
>   Flieh ich, um in der Welt ein Fleckchen aufzutreiben,
>   Wo man die Freiheit hat, ein Ehrenmann zu bleiben.

Das sind Zeilen aus dem Finale des Stücks ›Der Menschenfeind‹ von ebendiesem Poquelin, das 1816 Fjodor Kokoschkin ins Russische übertragen wird.

Besteht Ähnlichkeit zwischen diesen beiden Finalen? Ach, mein Gott! Ich bin kein Kenner, mögen das die Gelehrten feststellen! Sie werden Ihnen erzählen, inwieweit Gribojedows Tschazki dem Alceste aus dem ›Menschenfeind‹ ähnlich ist, warum Carlo Goldoni als Schüler dieses Ihres Poquelin gilt, wie der halbwüchsige Puschkin diesen Poquelin nachahmte und viele andre kluge und interessante Dinge mehr. Ich kenne mich da nicht so gut aus.

Mich beschäftigt etwas anderes: Die Stücke meines Helden werden in den nächsten drei Jahrhunderten auf allen Bühnen der Welt gespielt werden, und niemand weiß, wann das ein Ende nimmt. Das ist für mich interessant! So ein Mensch also wird sich aus Ihrem Säugling entwickeln!

Ach richtig, ich wollte ja von den Stücken sprechen. Eine hochangesehene Dame, Madame Aurore Dudevant, bekannter übrigens unter dem Namen George Sand, wird unter denen sein, die über meinen Helden Stücke schreiben.

Im Finale ihres Stücks wird Molière aufstehen und sagen:

›Ja, ich möchte zu Hause sterben ... Ich möchte meine Tochter segnen.‹

Und der Prinz Condé wird zu ihm treten und erwidern:

›Stützt Euch auf meinen Arm, Molière!‹

Der Schauspieler Duparc, zur Zeit des Todes von Molière übrigens nicht mehr auf der Welt, wird schluchzend ausrufen:

›Oh, den einzigen Menschen zu verlieren, den ich geliebt habe!‹

Die Damen schreiben rührselig, da kann man nichts machen! Aber du, mein armer und blutüberströmter Meister, du wolltest nirgendwo sterben – weder im Haus noch außer Haus! Schwerlich wirst du, als dir ein Blutstrom aus dem Munde brach, den Wunsch geäußert haben, deine kaum jemanden interessierende Tochter Madeleine zu segnen!

Wer schreibt rührseliger als die Damen? Allenfalls gewisse Männer: Der russische Autor Wladimir Rafailowitsch Sotow wird ein nicht minder empfindsames Finale liefern.

›Der König kommt. Er will Molière sehen. Molière! Was ist mit ihm?‹

›Er ist gestorben.‹

Der Prinz läuft Ludwig entgegen und ruft:

›Sire, Molière ist gestorben!‹

Ludwig XIV. zieht den Hut und sagt:

›Molière ist unsterblich!‹

Was ist darauf zu erwidern? Ja, ein Mensch, der schon das vierte Jahrhundert lebt, ist zweifellos unsterblich. Die Frage bleibt nur, ob der König das je anerkannt hat.

In der Oper ›Aretusa‹, verfaßt von André Campra, klingt das so:

›Die Götter regieren im Himmel und Ludwig auf Erden!‹

Der auf Erden regierte, zog vor niemandem, außer vor Damen, den Hut und wäre auch nicht zum sterbenden Molière gekommen. In der Tat, er ist nicht zu ihm gekommen, ebensowenig wie irgendein Prinz. Der auf Erden regierte, hielt sich selber für unsterblich, aber darin, glaube ich, irrte er. Sterblich war er wie alle Menschen und folglich blind. Wäre er nicht blind gewesen, so hätte er in der Zukunft interessante Dinge gesehen und sich gewiß zu dem Sterbenden begeben, um der wirklichen Unsterblichkeit nahe zu sein.

Er hätte im heutigen Paris, da, wo die Rue de Richelieu, die Rue Thérèse und die Rue Molière in spitzem Winkel zusammentreffen, einen unbeweglich zwischen Säulen sitzenden Mann erblickt. Unterhalb dieses Mannes hätte er zwei Frauen aus hellem Marmor mit Manuskriptrollen in den Händen gesehen, noch weiter unten Löwenhäupter und unter diesen wiederum eine ausgetrocknete Brunnenschale.

Da sitzt er, der verschmitzte, verführerische Gallier, der königliche Komödiant und Dramatiker! Da sitzt er mit bronzener Perücke und bronzenen Schuhschleifen! Da sitzt er, der König der dramatischen Kunst Frankreichs!

Ach, Madame, was reden Sie mir von bedeutenden Säuglingen, die Sie irgendwann in Händen gehalten haben! Verstehen Sie doch, dieses Kind, dem Sie soeben im Hause Poquelin auf die Welt helfen, ist niemand anders als Herr de Molière! Aha, Sie haben mich verstanden? Dann seien Sie bitte vorsichtig! Hat er geschrien? Atmet er? – Er lebt!«

1
Im Affenhaus

Also, um den 13. Januar 1622 ward in Paris dem Herrn Jean-Baptiste Poquelin und seiner Ehefrau Marie Poquelin-Cressé ein schwächlicher Erstling geboren. Am 15. Januar wurde dieser in der St.-Eustache-Kirche zu Ehren seines Vaters auf den Namen Jean-Baptiste getauft. Die Nachbarn beglückwünschten Poquelin, und in der Tapeziererinnung sprach sich herum, daß ein weiterer Tapezierer und Möbelhändler zur Welt gekommen sei.

Jeder Architekt hat seine eigene Phantasie. An den Ecken des freundlichen zweistöckigen Hauses mit dem spitzen Mansarddach, das in der Rue St.-Honoré, Ecke Rue des Vielles-Étuves, stand, hatte der Baumeister aus dem 15. Jahrhundert holzgeschnitzte Apfelsinenbäume mit sorgfältig gestutzten Zweigen angebracht. Auf diesen Zweigen tummelten sich Äffchen und pflückten Früchte. Das Haus hieß bei den Parisern natürlich Affenhaus. Teuer kamen später die Affen dem Komödianten de Molière zu stehen! Oft genug versicherten Wohlmeinende, man brauche sich über die Hanswurst-Karriere des ältesten Poquelin-Sohns gar nicht zu wundern. Was könne man schon verlangen von einem Menschen, der in Gesellschaft grimassenschneidender Affen aufgewachsen sei! Allein, der Komödiant sagte sich auch später nicht von den Affen los, und als er in vorgerücktem Alter zu irgendwelchen Zwecken sein Wappen entwarf, stellte er seine geschwänzten Freunde dar, die sein Vaterhaus bewachten.

Das Haus befand sich in dem lärmenden Hallenviertel im Zentrum von Paris, unweit des Pont-Neuf. Es gehörte dem Hoftapezierer und -drapierer Jean-Baptiste senior, der darin seinen Handel trieb.

Mit der Zeit war der Tapezierer zu einem weiteren Titel gelangt: Kammerdiener Seiner Majestät des Königs von Frankreich. Diesen Titel trug er nicht nur in Ehren, sondern vererbte ihn auch seinem ältesten Sohn Jean-Baptiste.

Es ging das Gerücht, Jean-Baptiste senior betreibe außer dem Handel mit Sesseln und Tapeten auch noch einen Geldverleih. Ich sehe darin bei einem Kaufmann nichts Anstößiges. Böse Zungen behaupteten jedoch, Poquelin senior habe allzu gepfefferte Prozente verlangt, und der Dramatiker Molière habe später in dem abscheulichen Geizhals Harpagon seinen leiblichen Vater dargestellt. Harpagon ist derselbe, der einem seiner Kunden statt Geld allen möglichen Plunder andrehen will, darunter einen mit Heu ausgestopften Krokodilsbalg, der nach seiner Meinung als Wohnungsschmuck an die Decke gehängt werden kann.

Ich mag diesem Gerede nicht glauben! Der Dramatiker Molière hat das Andenken seines Vaters nicht in Verruf gebracht, und auch ich will es nicht tun.

Poquelin senior war ein wirklicher Kaufmann, ein angesehener und wohlgeachteter Vertreter seiner ehrbaren Innung. Er trieb Handel, und über dem Eingang des affenumgaukelten Ladens wehte die ehrliche Fahne, auf der gleichfalls ein Affe abgebildet war.

In dem dämmerigen Erdgeschoß, wo der Laden gelegen war, roch es nach Farbe und Wolle, in der Kasse klingelten die Münzen, und den ganzen Tag über strömte das Volk herbei, um Teppiche und Tapeten auszusuchen. Zu Poquelin senior kamen sowohl Bürger wie auch Aristokraten. In der Werkstatt, deren Fenster auf den Hof gingen, standen dicke Staubsäulen, Stühle waren übereinandergetürmt, Stücke Furnierholz sowie Stoff- und Lederballen lagen umher, und in diesem Chaos wirtschafteten Poquelins Meister und Gehilfen, hämmerten und hantierten mit Zuschneiderscheren.

In den Räumen des ersten Stocks oberhalb der Fahne herrschte die Mutter. Hier hörte man ihr dauerndes Hüsteln und das Rascheln ihrer Röcke aus Gros de Naples. Marie Poquelin war eine wohlhabende Frau. In ihren Schränken gab es teure Kleider, florentinische Stoffe und Wäsche aus feinstem Leinen, ihre Kommoden bargen Kolliers, Brillantarmbänder, Perlen, Smaragdringe, goldene Uhren und teures Tafelsilber. Wenn Marie betete, ließ sie einen Perlmuttrosenkranz durch die Finger gleiten. Sie las die Bibel und sogar, woran ich nicht recht glaube, den griechischen Autor Plutarch in gekürzter Übersetzung. Sie war still, liebenswürdig und gebildet. Ihre Vorfahren hatten zumeist das Tapeziererhandwerk erlernt, doch gab es unter ihnen auch Leute mit anderen Berufen, Musikanten etwa und Advokaten.

In den oberen Räumen des Affenhauses also stolzierte ein Knabe mit hellblondem Haar und vollen Lippen umher. Es war der älteste Sohn Jean-Baptiste. Manchmal stieg er hinunter in den Laden oder in die Werkstatt, störte die Gesellen bei der Arbeit und löcherte sie mit Fragen nach Gott und der Welt. Die Meister lachten über sein Stottern, aber sie mochten ihn gern. Zuzeiten saß er am Fenster und schaute, die Wangen in die Fäuste gestützt, hinaus auf die schmutzige Straße, durch die das Volk hastete.

Einmal ging die Mutter an ihm vorbei, gab ihm einen Klaps auf den Rücken und sagte: »Na, du Beobachter?«

Eines schönen Tages ward der Beobachter in die Pfarrschule gegeben. Hier lernte er alles, was man in so einer Schule lernen konnte, das heißt, er eignete sich die vier Rechenarten an, lernte ohne Stocken lesen, erwarb die Anfangsgründe des Lateins und wurde mit vielen interessanten Dingen bekannt, die in den ›Lebensgeschichten der Heiligen‹ dargelegt waren.

So standen die Dinge, friedlich und freundlich ging es zu. Poquelin senior wurde reich und reicher, schon waren vier Kinder geboren, als plötzlich über das Affenhaus das Unglück hereinbrach.

Im Frühjahr 1632 erkrankte die zarte Mutter. Ihre Augen blickten glänzend und unruhig. Binnen eines Monats magerte sie dermaßen ab, daß sie kaum wiederzuerkennen war, und auf ihren bleichen Wangen erblühten ungute Flecke. Dann begann sie Blut zu spucken, und Ärzte mit unheildrohenden Kappen besuchten, auf Maultieren reitend, das Affenhaus. Am 15. Mai weinte der pummelige Beobachter bitterlich und wischte sich mit schmutzigen Fäusten die Tränen weg, und mit ihm schluchzte das ganze Haus. Die stille Marie Poquelin lag reglos da, die Hände auf der Brust gekreuzt.

Nachdem man sie beerdigt hatte, stand gleichsam ununterbrochene Dämmerung im Haus. Der Vater wurde schwermütig und zerstreut, und sein Ältester sah ihn mehrmals an Sommerabenden einsam im Halbdunkel sitzen und weinen. Dies bekümmerte den Beobachter, er streifte ziellos durch die Wohnung und wußte nichts mit sich anzufangen. Aber dann hörte der Vater zu weinen auf und besuchte oft die Familie Fleurette. Dem elfjährigen Jean-Baptiste wurde eröffnet, er werde eine neue Mutter bekommen. Und alsbald erschien im Affenhaus Catherine Fleurette, die neue Mutter. Bald danach übrigens verließ die Familie das Affenhaus, denn der Vater hatte ein neues Haus gekauft.

2
Die Geschichte von zwei Theaterfreunden

Das neue Haus lag direkt am Markt, in jenem Stadtbezirk, wo der berühmte Jahrmarkt von St.-Germain stattzufinden pflegte. Hier breitete der unternehmungsfreudige Poquelin mit noch größerem Glanz die Lockungen seines Ladens aus. Im alten Hause hatte Marie Cressé gewirtschaftet und ihre Kinder zur Welt gebracht, im neuen regierte Catherine Fleurette. Was ist über diese Frau zu berichten? Nichts, glaube ich – weder Schlechtes noch Gutes. Da sie aber als Stiefmutter in die Familie kam, behaupteten viele, die sich für das Leben meines Helden interessierten, dem kleinen Jean-Baptiste sei es bei Catherine Fleurette schlecht ergangen, eine böse Stiefmutter sei sie gewesen und Molière habe sie unter dem Namen Belinde, der treubrüchigen Ehefrau, in seiner Komödie ›Der eingebildete Kranke‹ verewigt.

Ich halte das alles für falsch. Es gibt keine Beweise dafür, daß Catherine nicht gut zu Jean-Baptiste war, und noch weniger dafür, daß sie Belinde ist. Catherine Fleurette war Poquelins zweite Frau, die ihrer irdischen Bestimmung nachkam, indem sie ihm ein Jahr nach der Hochzeit die Tochter Catherine und abermals zwei Jahre später die Tochter Marguerite gebar.

Jean-Baptiste besuchte also die Pfarrschule und beendete sie schließlich. Poquelin senior befand, sein Erstling habe seinen Gesichtskreis nun hinlänglich erweitert, und hieß ihn, sich im Laden dem Geschäft zu widmen. Jean-Baptiste junior maß also Stoffe, klopfte Polsternägel ein, schwatzte mit den Gesellen und las in seiner Freizeit in dem speckigen Plutarch-Bändchen, das seine Mutter Marie Cressé hinterlassen hatte.

Und jetzt erscheint vor mir im Kerzenlicht, dort in der offenen Tür, gekleidet in einen bescheidenen, aber soliden Rock, mit einer Perücke auf dem Kopf und einem Rohrstock in der Hand, ein für sein Alter sehr rüstiger Herr von bürgerlichem Aussehen, mit wachen Augen und gepflegten Manieren. Sein Name ist Louis Cressé, er ist der leibliche Vater der verstorbenen Marie und somit der Großvater des kleinen Jean.

Von Beruf war Louis Cressé Tapezierer wie sein Schwiegersohn. Nur war er nicht Hoftapezierer, sondern trieb seinen privaten Handel auf dem Jahrmarkt von St.-Germain. Er wohnte in St.-Ouen bei Paris, wo er ein schönes Haus besaß mit allem, was dazu gehört. Sonntags pflegte die Familie Poquelin den Großvater in St.-Ouen zu besuchen, und diese Besuche blieben den Kinderchen der Poquelins in angenehmster Erinnerung.

Dieser Großvater Cressé hielt eine erstaunliche Freundschaft mit dem kleinen Jean-Baptiste. Was mochte den alten Mann mit dem Jungen verbinden? Der Teufel etwa? Ja, wahrscheinlich! Allein die gemeinsame Leidenschaft blieb Poquelin senior nicht lange verborgen und weckte alsbald seine mürrische Verwunderung. Es stellte sich nämlich heraus, daß Großvater und Enkel in das Theater vernarrt waren!

An freien Abenden, wenn der Großvater in Paris war, trafen die beiden Tapezierer, der alte und der junge, insgeheim Absprache und verließen, einander zuzwinkernd, das Haus. Ihren Weg zu verfolgen war nicht schwierig. Gewöhnlich begaben sie sich in die Rue Mauconseil, Ecke Rue Française, wo im niedrigen und düsteren Saal des Hôtel de Bourgogne die königliche Schauspieltruppe auftrat. Der ehrenwerte Großvater Cressé hatte dauerhafte Bekanntschaften unter den Ältesten einer gewissen Brüderschaft, die sich aus religiösen, aber auch aus kommerziellen Gründen zusammengefunden hatte. Sie trug den Namen Confrérie de la Passion und besaß das Privileg, in Paris Mysterienspiele aufzuführen. Die Passionsbrüder hatten das Hôtel de Bourgogne gebaut, aber in der Zeit, als Jean-Baptiste ein Knabe, wurden schon keine Mysterienspiele mehr aufgeführt, und man vermietete das Hôtel an verschiedene Truppen.

Großvater Cressé suchte also den Vorsteher der Brüderschaft auf, und man gab dem angesehenen Tapezierer und seinem Enkel kostenlose Plätze in einer freien Loge.

Im Theater Hôtel de Bourgogne, dessen Erster Schauspieler dazumal der sehr bekannte Akteur Bellerose war, wurden Tragödien, Tragikomödien, Schäferspiele und Farcen aufgeführt, und der angesehenste Stückeschreiber des Theaters war Jean de Rotrou, ein großer Anhänger spanischer dramatischer Vorbilder. Dem alten Cressé bereitete Bellerose mit seinem Spiel höchsten Genuß, und Enkel und Großvater applaudierten ihm gemeinsam. Aber besser als die Tragödien, in denen Bellerose auftrat, gefielen dem Enkel die derben und leichten burgundischen Farcen, die größtenteils von den Italienern entlehnt waren. Sie fanden in Paris großartige Darsteller, die in ihren komischen Rollen frei mit dem aktuellen Text jonglierten.

Ja, Großvater Cressé hatte dem kleinen Jean-Baptiste – zum Leidwesen von Poquelin senior – den Weg ins Hôtel de Bourgogne gewiesen. Mit dem Großvater, als er noch ein Knabe, und mit seinen Kumpanen, als er schon ein Jüngling war, sah Jean-Baptiste in dem Hôtel großartige Dinge.

Der berühmte Gros-Guillaume, der in Farcen auftrat, bezauberte Jean-Baptiste mit seinem flachen roten Barett und der weißen Jacke, die seinen ungeheuren Bauch umspannte. Eine andere Berühmtheit, der Farcenspieler Gaultier-Garguille, der in schwarzem Kamisol mit roten Ärmeln auftrat, bewaffnet mit einer riesigen Brille und einem Stock, erschmeichelte sich nicht minder als Gros-Guillaume die Gunst des Publikums im Bourgogne. Bezaubert war Jean-Baptiste auch von dem einfallsreichen Turlupin und von Alison, der zumeist die komische Alte spielte.

Vor Jean-Baptistes Augen flogen mehrere Jahre lang mit Mehl und Farbe geschminkte oder maskierte pedantische Ärzte, geizige Greise, prahlsüchtige und feige Kapitäne wie an einem Karussell vorüber. Unter dem Johlen des Publikums betrogen leichtsinnige Frauen ihre griesgrämigen Ehetrottel, und die Kupplerinnen und Klatschbasen in den Farcen keiften wie Elstern. Pfiffige, federleicht hüpfende Diener führten Gorgibus an der Nase herum, verdroschen die alten Zausel mit Knitteln und stopften sie in den Sack. Und die Wände des Hôtel de Bourgogne bebten vom Gelächter der Franzosen.

Nachdem die beiden theaterbesessenen Tapezierer alles gesehen hatten, was im Hôtel de Bourgogne zu sehen war, wechselten sie in ein anderes großes Theater über, ins Marais-Theater. Hier regierten die Tragödie, in der sich der berühmte Schauspieler Mondory auszeichnete, und die große Komödie. Die besten Werke dieser Art lieferte der berühmte Dramatiker jener Zeit, Pierre Corneille, dem Theater.

Louis Cressés Enkelchen wurde gleichsam in verschiedene Wasser getaucht: Im Bourgogne spielte der wie ein Truthahn herausgeputzte Bellerose süßlich und zart. Er rollte die Augen, richtete sie in imaginäre Fernen, schwenkte geschmeidig den Hut und sprach seine Monologe mit heulender Stimme, so daß nicht zu unterscheiden war, ob er sprach oder sang. Im Marais-Theater erschütterte Mondory den Saal mit Donnerstimme und starb röchelnd in der Tragödie.

Der Knabe kehrte mit fieberhaft glänzenden Augen in sein Vaterhaus zurück und träumte nachts von den Buffos Alison, Jacquemin-Jadot, Philippin und dem berühmten Jodelet mit seinem geweißten Gesicht.

Doch ach! Das Hôtel de Bourgogne und das Marais-Theater konnten Menschen, die an der unheilbaren Theatersucht litten, bei weitem nicht ausfüllen.

Auf dem Pont-Neuf und im Hallenviertel wurde ein schwunghafter Handel getrieben. Davon wurde Paris fett und schön und breitete sich nach allen Seiten aus. In den Buden und vor den Buden brodelte ein Leben, daß es einem in den Ohren summte und vor den Augen flimmerte. Da, wo der Jahrmarkt von St.-Germain seine Zelte aufgeschlagen hatte, herrschte dichtes Volksgewühl. Geschrei und Gerassel! Und Schmutz, Schmutz!

»O Gott, o Gott!« sagte einmal der kranke Dichter Scarron von diesem Jahrmarkt. »Wieviel Dreck häufen doch all die Ärsche hier auf, die keine Unterhosen kennen!«

Den ganzen Tag Kommen, Gehen, Gedränge! Kleinbürger spazieren einher, ihre hübschen Frauen am Arm. Bader seifen ein, rasieren, ziehen Zähne. Aus dem Menschenbrei der Fußgänger ragen Berittene. Auf Maultieren schaukeln gewichtige Ärzte vorüber, wie Krähen anzuschauen. Königliche Musketiere mit goldgestickter Devise auf dem Umhang zeigen ihre Reiterkunststücke. Iß, Hauptstadt der Welt, iß, trink, kaufe, verkaufe, gedeihe! He, ihr Ärsche ohne Unterhosen, hierher, zum Pont-Neuf! Seht, dort wird eine Schaubude zusammengenagelt und mit Teppichen verhängt! Wer piepst da wie eine Flöte? Ein Ausrufer ist das. Kommen Sie nicht zu spät, Herrschaften, gleich beginnt die Vorstellung! Versäumen Sie nicht die Gelegenheit! Nur bei uns und sonst nirgends auf der Welt sehen Sie die wunderschönen Marionetten des Herrn Brioché! Sie tanzen an Fäden auf dem Podium! Auch sehen Sie den genialen dressierten Affen Phagotin!

Auf dem Pont-Neuf saßen in Buden Straßenärzte, Zahnreißer, Hühneraugenschneider, Apotheker und Scharlatane. Sie verkauften dem Volk Allheilmittel, Panazeen genannt, und um die Aufmerksamkeit auf ihre Buden zu lenken, hatten sie sich mit wandernden Straßenschauspielern, manchmal auch mit Theaterschauspielern geeinigt, und diese gaben ganze Vorstellungen, in denen sie die Wundermittel der Scharlatane priesen.

Es gab feierliche Prozessionen, auf Pferden ritten buntschillernde, mit geliehenem Talmischmuck behängte Komödianten, schrien Reklamesprüche, riefen das Volk zusammen. Bengels rannten ihnen scharenweise hinterher, pfiffen, krochen den Leuten unter den Beinen durch und vermehrten den Wirrwarr.

Lärme nur, Pont-Neuf! Ich höre in deinem Lärm, wie vom

Vater, dem Scharlaten, und von der Mutter, der Schauspielerin, die französische Komödie geboren wird, sie kreischt gellend, und ihr grobes Gesicht ist mit Mehl gepudert!

Dort erhebt ein geheimnisvoller und bemerkenswerter Mann einen Lärm, daß es durch ganz Paris schallt. Es ist ein gewisser Christoph Contugi. Er hat eine Truppe gemietet und veranstaltet in einer Bude Schauspiele. Polichinelles wirken mit und preisen seine Allheilpaste Orviétan an.

> Seht euch um im ganzen Reich,
> Der Arznei hier kommt nichts gleich!
> Orviétan, Orviétan!
> Kauft, ihr Leute, Orviétan!

Die maskierten Buffos verschwören sich mit heiserer Stimme, es gäbe auf Erden keine Krankheit, gegen die das Zaubermittel Orviétan nicht zu helfen vermöchte. Es erlöse von Schwindsucht, Pest und Krätze!

An der Bude vorbei reitet ein Musketier. Sein edler Hengst schielt mit blutunterlaufenem Auge, Schaum tropft von der Kandare. Kerle ohne Unterhosen versperren ihm den Weg, drücken sich an den Sattel mit Pistolen. In Contugis Bude heult eine Stimme:

> Oh, Monsieur Capitan,
> kauft das gute Orviétan!

»Daß die Pest euch hole! Gebt den Weg frei!« schreit der Gardist.

»Gebt mir ein Schächtelchen Orviétan«, sagt ein gewisser Sganarell, der sich hat einfangen lassen, »was kostet es?«

»Gnädiger Herr«, antwortet der Scharlatan, »das Orviétan ist von unschätzbarem Wert! Ich scheue mich, gnädiger Herr, das Geld von Euch zu nehmen!«

»Oh, gnädiger Herr«, entgegnet Sganarell, »ich begreife, daß alles Gold von Paris nicht ausreicht, dieses Schächtelchen zu bezahlen. Aber ich mag mir auch nichts schenken lassen. Nehmt also gütigst diese dreißig Sous und gebt mir heraus.«

Ein dunkelblauer Abend geht auf Paris nieder, die Lichter werden angezündet. In den Buden brennen blakend kreuzförmige Kronleuchter, in denen Talglichter schmelzen, und über den Fackeln wehen Qualmschwänze.

Sganarell eilt heim in die Rue St.-Denis. Man zerrt ihn an den Rockschößen, redet ihm zu, ein Mittel gegen alle Gifte der Welt zu kaufen.

Lärme nur, Pont!

Durch dieses Gewühl zwängen sich zwei Menschen: ein ehrsamer Großvater und sein kleiner Freund und Enkel, der einen gefältelten weißen Kragen trägt. Und niemand weiß, und die Schauspieler auf den Bretterbühnen ahnen nicht, wer da in der Menge vor der Scharlatansbude gequetscht wird. Jodelet im Hôtel de Bourgogne weiß nicht, daß er eines Tages in der Truppe dieses Knaben spielen wird. Pierre Corneille weiß nicht, daß er in vorgerücktem Alter froh sein wird, wenn der Knabe seine Stücke aufführt und ihm, dem mählich verarmenden Dramatiker, Geld dafür bezahlt.

»Wollen wir uns nicht noch die nächste Bude anschauen?« fragt schmeichelnd und höflich der Enkel.

Der Großvater zögert, es ist schon spät. Aber dann hält er's nicht aus: »Na gut, die eine noch.«

Dort zeigt ein Schauspieler Tricks mit einem Hut: dreht und faltet ihn kunstvoll, knautscht ihn, wirft ihn in die Luft...

Und der Pont ist schon erleuchtet, durch die ganze Stadt schweben Laternen in den Händen der Fußgänger, und in allen Ohren gellt der Schrei: Orviétan!

Durchaus möglich, daß sich noch an diesem Abend in der Rue St.-Denis das Finale einer der späteren Komödien Molières vollzieht. Sganarell oder Gorgibus ist Orviétan holen gegangen, mit dem er seine Tochter Lucinde von der Liebe zu Clitandre oder Cleonte zu heilen hofft, und natürlich ist Lucinde inzwischen mit Clitandre durchgebrannt und hat sich trauen lassen!

Gorgibus tobt. Man hat ihn genarrt, hinters Licht geführt! Der Dienerin wirft er das verfluchte Orviétan ins Gesicht! Droht!

Aber dann erklingen fröhliche Geigen, der Diener Champagne tanzt, und Sganarell findet sich ab. Und Molière wird ein glückliches abendliches Ende mit Laternen schreiben.

Lärme nur, Pont!

3
Orviétan für den Großvater?

Eines Abends kehrten Cressé und sein Enkel angeregt und wie immer ein wenig geheimniskrämerisch nach Hause zurück. Vater Poquelin ruhte nach dem Arbeitstag im Sessel aus. Er erkundigte sich, wo der Großvater mit seinem Liebling gewesen sei. Natürlich – wieder einmal im Hôtel de Bourgogne, im Theater!

»Was führt Ihr ihn ewig ins Theater?« fragte Poquelin. »Ihr wollt wohl einen Schauspieler aus dem Jungen machen?«

Der Großvater legte den Hut weg, versorgte den Rohrstock in der Ecke und sagte nach kurzem Schweigen: »Wollte Gott, er würde einer wie Bellerose.«

Der Hoftapezierer riß den Mund auf. Er schwieg, dann erkundigte er sich, ob der Großvater im Ernst spreche. Da Cressé jedoch nichts sagte, spann Poquelin das Thema weiter, aber in ironischem Ton.

Wenn nach Meinung Louis Cressés man wünschen könne, dem Komödianten Bellerose ähnlich zu werden, warum solle man dann nicht noch weiter gehen? Warum nicht gleich in die Fußtapfen eines Alison treten, der auf der Bühne Grimassen schneide und zum Gaudium der Städter komische Marktvetteln darstelle? Warum nicht die Physiognomie mit weißem Dreck einschmieren und sich einen riesigen Schnurrbart ankleben wie Jodelet?

Überhaupt könne man Narreteien treiben, anstatt sich mit dem Geschäft abzugeben. Warum auch nicht, schließlich zahlten die Städter dafür fünfzehn Sous je Person.

Das sei wahrlich eine prächtige Karriere für den ältesten Sohn des Hoftapezierers, den – Gott sei's gedankt – ganz Paris kenne! Hei, wie würden sich die Nachbarn freuen, wenn Jean-Baptiste junior, Monsieur Poquelin, dem der Titel eines königlichen Lakaien sicher sei, plötzlich auf der Bretterbühne stünde! Die ganze Tapeziererinnung würde sich schieflachen!

»Verzeiht«, sagte Cressé mild, »also braucht das Theater nach Eurer Meinung nicht zu existieren?«

Es stellte sich jedoch heraus, daß Poquelin es so wiederum nicht gemeint hatte. Das Theater müsse schon existieren. Das erkenne sogar Seine Majestät der König an, dem Gott ein langes Leben schenken möge. Der Truppe des Bourgogne sei der

Titel einer Königlichen Schauspieltruppe verliehen worden. All das sei sehr schön. Er selbst, Poquelin, gehe mit Vergnügen sonntags ins Theater. Er wolle mal so sagen: Das Theater existiere für Jean-Baptiste Poquelin, aber nicht umgekehrt.

Poquelin kaute geröstetes Brot, trank einen Schluck Wein dazu und zerschmetterte den Großvater.

Man könne auch noch weiter gehen. Wenn man schon nicht in der Truppe Seiner Majestät unterkomme – nicht jeder, Herrgott noch eins, könne ein Bellerose sein, der, wie es heiße, allein Kostüme für zwanzigtausend Livres besitze –, warum dann nicht gleich auf dem Jahrmarkt spielen? Unanständige Scherzchen machen, zweideutige Gesten vollführen? Warum nicht? Die ganze Straße würde mit Fingern zeigen!

»Entschuldigt, ich scherze«, sagte Poquelin, »aber Ihr habt doch wohl auch gescherzt?«

Es ist jedoch unbekannt, ob der Großvater gescherzt hatte und was der kleine Jean-Baptiste sich während des väterlichen Monologs dachte.

Merkwürdige Leute, diese Cressés! dachte der Hoftapezierer und wälzte sich im Dunkeln auf seinem Bett. So etwas in Gegenwart des Jungen zu sagen! Wenn es nicht ungehörig wäre, hätte ich dem Großvater an den Kopf geworfen, das seien dumme Flausen!

Der Schlaf will nicht kommen. Der Hoftapezierer und Kammerdiener starrt ins Dunkel. Ach, alle sind sie so, die Cressés! Auch die Verstorbene, seine erste Frau, ist dauernd mit Phantastereien umgegangen und hat das Theater angehimmelt. Aber dieser alte Kracher hat doch seine Sechzig auf dem Buckel! Geradezu lächerlich! Orviétan sollte er nehmen, er wird langsam kindisch!

Sorgen. Der Laden. Der Schlaf will nicht kommen...

4
Nicht jeder möchte Tapezierer sein

Und doch tut mir der arme Poquelin leid! Er ist aber auch wirklich ein schwergeprüfter Mann! Im November 1636 starb auch seine zweite Frau. Wieder saß der Vater im Dämmerlicht und trauerte. Nun war er ganz allein. Und er hatte sechs Kinder. Die ganze Schar mußte er großkriegen, und dann hatte er auch noch den Laden am Hals. Allein war er, immer allein. Er konnte doch nicht ein drittes Mal heiraten!

Wie um das Unglück voll zu machen, ging zu der Zeit, als Catherine Fleurette starb, mit seinem Erstling Jean-Baptiste etwas vor. Der Vierzehnjährige siechte hin. Zwar arbeitete er weiterhin im Laden, man konnte nicht klagen, bummeln tat er nicht, aber er bewegte sich, verzeih's Gott!, wie eine Marionette vom Pont-Neuf. Magerte ab, hockte am Fenster, starrte auf die Straße, obschon dort weder Neues noch Interessantes zu sehen war, aß ohne Appetit...

Endlich war ein Gespräch herangereift.

»Sag mal, was ist mit dir los?« fragte der Vater und setzte dumpf hinzu: »Du bist doch nicht etwa krank?«

Jean-Baptiste blickte unverwandt auf seine stumpfnasigen Schuhe und schwieg.

»Ein Elend ist das mit euch«, sagte der geplagte Witwer. »Was soll ich mit euch Kindern machen? Spanne mich nicht auf die Folter, sprich!«

Da hob Jean-Baptiste die Augen zu seinem Vater, ließ dann den Blick zum Fenster schweifen und sagte: »Ich möchte kein Tapezierer werden.«

Nach kurzem Überlegen hatte er wohl beschlossen, den Knoten ganz zu entwirren, und fügte hinzu: »Ich empfinde dagegen eine tiefe Abneigung.«

Er überlegte weiter und fügte hinzu: »Ich hasse den Laden.«

Und wie um dem Vater den Rest zu geben, schloß er: »Aus tiefstem Herzensgrund!«

Danach verstummte er.

Er sah dumm aus bei diesen Worten. Eigentlich hatte er keine Ahnung, was nun folgen würde. Gewiß mußte er eines väterlichen Backenstreichs gewärtig sein. Aber der Backenstreich blieb aus.

Eine endlose Pause trat ein. Was hilft am besten in so einer vertrackten Situation? Ein Backenstreich? Nein, mit einem Backenstreich ist da nichts getan. Was konnte Poquelin dem Sohn sagen? Daß er ein Dummkopf sei? Ja, da stand er nun wie ein Pfahl und machte ein dummes Gesicht. Aber seine Augen blickten nicht dumm, sie glänzten wie die seiner Mutter.

Der Laden mißfiel ihm? Vielleicht kam es ihm nur so vor? Er war noch ein Knabe, in seinem Alter vermochte man noch nicht zu beurteilen, was einem gefiel und was nicht. Vielleicht war er bloß müde? Aber er, der Vater, war noch viel müder, und ihm half keiner, grau wurde er schon vor Sorgen...

»Was möchtest du denn?« fragte er.

»Studieren«, antwortete Jean-Baptiste.

In diesem Moment klopfte sacht ein Rohrstock an die Tür, und in der Dämmerung trat Louis Cressé ein.

»Da«, sagte der Vater und deutete auf das gefältelte Krägelchen, »er will nicht im Laden helfen, er wünscht zu studieren.«

Der Großvater sprach mild und einschmeichelnd. Er sagte, alles werde sich zum Guten wenden. Wenn der Jüngling traure, müsse man natürlich Maßnahmen ergreifen.

»Was denn für Maßnahmen?« fragte der Vater.

»Nun, ihn studieren lassen!« rief der Großvater strahlend.

»Aber erlaubt, er hat doch die Pfarrschule besucht!«

»Nun, was ist schon eine Pfarrschule!« sagte der Großvater. »Der Bengel ist hochbegabt...«

»Geh hinaus, Jean-Baptiste, ich habe mit deinem Großvater zu reden.«

Jean-Baptiste ging hinaus. Cressé und Poquelin führten ein höchst ernsthaftes Gespräch.

Ich werde es hier nicht wiedergeben. Ich möchte nur ausrufen: Es lebe das Andenken an Louis Cressé!

5
Zum höheren Ruhme Gottes

Das berühmte Pariser Collège de Clermont, aus dem in der Folgezeit das Gymnasium Louis-le-Grand wurde, hatte nicht die leiseste Ähnlichkeit mit der Pfarrschule. Es wurde von dem mächtigen Jesuitenorden unterhalten, und die Patres, das muß man sagen, hatten es glänzend in Schuß – »zum höheren Ruhme Gottes« – wie alles, was sie unternahmen.

In dem Collège, das Jacques Dinet, der Pater Rektor, leitete, wurden bis zu zweitausend Knaben und Jünglinge adliger und bürgerlicher Herkunft unterrichtet. Dreihundert von ihnen waren Internatsschüler, die übrigen kamen täglich. Die Gesellschaft Jesu bildete die Blüte Frankreichs aus.

Die Patres Professoren unterwiesen die Clermont-Schüler in Geschichte, Literatur der Antike, Rechtsgelehrsamkeit, Chemie und Physik, Religion, Philosophie und in griechischer Sprache. Von Latein ganz zu schweigen: Die Clermont-Gymnasiasten mußten nicht nur unablässig lateinische Autoren lesen und studieren, sondern wurden auch angehalten, in den Pausen zwischen den Stunden lateinisch zu sprechen. Es leuchtet ein, daß man diese für die Menschheit so fundamentale Sprache unter solchen Bedingungen sehr wohl erlernen kann.

Es gab auch Tanzunterricht. In anderen Stunden hörte man Rapiere aneinanderklirren: Die französischen Jünglinge lernten die Waffe handhaben, um im Massenkampf die Ehre des Königs von Frankreich zu schützen und im Einzelkampf ihre eigene. Zu festlichen Anlässen führten die Internatsschüler Stücke altrömischer Autoren auf, namentlich Publius Terentius und Seneca.

In diese Lehranstalt also hatte Louis Cressé seinen Enkel gegeben. Poquelin-père konnte sich nicht beklagen, daß sein Sohn, der künftige königliche Kammerdiener, in schlechte Gesellschaft geraten wäre. In den Zöglingslisten von Clermont standen zahlreiche berühmte Namen, denn die besten Adelsfamilien schickten ihre Söhne auf das Collège. In der Zeit, als Poquelin extern die Wissenschaften lernte, studierten dort drei Prinzen. Einer von ihnen war niemand anders als Armand de Bourbon, Prinz de Conti, leiblicher Bruder eines anderen Bourbon, Louis Condé, Herzog von Enghien, später Grand Condé genannt. Poquelin studierte also zusammen mit einem Prinzen von königlichem Geblüt. Schon daraus ist zu ersehen, daß der Unterricht im Collège de Clermont gut gewesen sein muß.

Es sei erwähnt, daß die blaublütigen Jünglinge von den reichen Bürgersöhnen, zu denen auch Jean-Baptiste gehörte, getrennt gehalten wurden. Die Prinzen und Marquis wohnten im Gymnasium in Pension, hatten ihre eigenen Bediensteten, eigene Lehrkräfte, besondere Unterrichtszeiten wie auch gesonderte Räume.

Überdies muß gesagt werden, daß der Prinz de Conti, der später im Leben meines unruhigen Helden eine bedeutende Rolle spielen sollte, sieben Jahre jünger war, als ganz kleiner Junge ins Collège gekommen war und dort natürlich nie mit unserm Helden zusammentraf.

Der kleine Poquelin vertiefte sich also ins Studium von Plautus, Terentius und Lucretius. Nach der Schulregel ließ er sich die Haare bis auf die Schultern wachsen und verwetzte seine weiten Hosen auf einer Klassenbank, indes er sich den Kopf mit Latein vollstopfte. Der Tapetenladen war in fernen Nebel gehüllt. Eine andere Welt hatte unsern Helden aufgenommen.

»Das Schicksal scheint es so zu wollen«, murmelte Poquelin senior im Einschlafen, »nun, was schadet's, übergebe ich das Geschäft halt dem zweiten Sohn. Aber vielleicht will der auf einmal Advokat werden oder Notarius oder sonst etwas.«

Interessant zu wissen, ob die Knabenliebe zum Theater sich bei dem Scholaren Jean-Baptiste verlor. Keineswegs! In seinen freien Stunden enteilte er der lateinischen Bedrängnis und suchte wie früher den Pont-Neuf und die Theater auf, jetzt nicht mehr mit dem Großvater, sondern mit befreundeten Clermont-Schülern. In seinen Collègejahren lernte er das Repertoire des Marais-Theaters und des Hôtel de Bourgogne gründlich kennen. Er sah Corneilles Stücke ›Die Witwe‹, ›Der Königsplatz‹, ›Die Palastgalerie‹ und den berühmten ›Cid‹, der seinem Autor hallenden Ruhm sowie den Neid seiner Kollegen eingetragen hatte.

Aber damit nicht genug. Gegen Ende seines Studiums am Collège hatte Jean-Baptiste gelernt, nicht nur ins Parkett oder in die Logen vorzudringen, sondern auch hinter die Kulissen, wo er eine der wichtigsten Bekanntschaften seines Lebens machte. Er lernte eine Frau kennen. Sie hieß Madeleine Béjart, war Schauspielerin und hatte einige Zeit auch am Marais-Theater gespielt. Sie hatte rötliches Haar, reizende Umgangsformen und anerkanntermaßen echtes großes Talent. Glühende Anhängerin des Dramatikers Rotrou, war sie klug, hatte feinen Geschmack, war überdies – eine große Seltenheit – literarisch gebildet und schrieb selber Gedichte. So nimmt es nicht wunder, daß die bezaubernde Pariser Schauspielerin den vier Jahre jüngeren Clermont-Schüler gänzlich gefangennahm. Interessanterweise beruhte dies auf Gegenseitigkeit.

Die Ausbildung im Gymnasium währte fünf Jahre und fand mit dem Studium der Philosophie sozusagen ihre Krönung. Jean-Baptiste lernte gewissenhaft und knapste sich die Zeit für Theaterbesuche ab.

Ist mein Held in diesem Collège ein gebildeter Mensch geworden? Ich glaube, man wird auf keiner Lehranstalt ein gebildeter Mensch. Aber in jeder guten Lehranstalt kann man Disziplin erwerben und die Fertigkeiten, die einem künftig zugute kommen, wenn man, bereits außerhalb ihrer Mauern, sich selbst zu bilden beginnt.

Ja, im Collège de Clermont brachte man Jean-Baptiste Disziplin bei, lehrte ihn Achtung vor der Wissenschaft und wies ihm den Weg zu ihr. Als er 1639 das Collège abschloß, saß in seinem Kopf nicht mehr der Pfarrschulmischmasch von ehedem. Sein Geist war, nach den Worten des Mephistopheles, in spanische Stiefel geschnürt.

Auf dem Collège hatte sich Poquelin mit einem gewissen Chapelle angefreundet, einem unehelichen Sohn des sehr wohlhabenden und einflußreichen Finanzbeamten Luillier, und besuchte ihn auch zu Hause. In dem Jahr, in dem unsere Clermont-Schüler das Collège beendeten, nahm im Hause Luillier ein berühmter Mann Wohnung und wurde ein ständiger und angesehener Gast. Sein Name war Pierre Gassendi.

Professor Gassendi, ein Provenzale, besaß eine gründliche Bildung. Sein Wissen hätte für zehn ausgereicht. Er war Rhetoriklehrer, vorzüglicher Historiker, kenntnisreicher Philosoph, Physiker und Mathematiker. Sein Wissen allein in der Mathematik war so bedeutend, daß ihm ein Lehrstuhl im Königlichen Collège angeboten wurde. Aber die Mathematik war nicht Pierre Gassendis einziges geistiges Gepäck.

Ein Mann von scharfem, ruhelosem Geist, hatte er seine Studien mit dem berühmtesten Philosophen der Antike, dem Peripatetiker Aristoteles, eröffnet und – nachdem er ihn zur Gänze studiert hatte – ihn zu hassen begonnen. Später lernte er die große Ketzerlehre des Polen Nikolaus Kopernikus kennen, der aller Welt verkündete, die Alten hätten sich geirrt, als sie wähnten, die Erde wäre der unbewegliche Mittelpunkt des Alls. Diesen Kopernikus gewann er von Herzen lieb.

Gassendi war bezaubert von dem großen Denker Giordano Bruno, der im Jahre 1600 verbrannt wurde, weil er behauptet hatte, das All sei unendlich und berge eine Vielzahl Welten.

Gassendi stand mit vollem Herzen auf seiten des genialen Physikers Galilei, den man gezwungen hatte, mit der Hand auf dem Evangelium seiner Überzeugung, daß die Erde sich bewege, abzuschwören.

Jeder, der den Mut fand, die Lehre des Aristoteles oder die auf ihr fußenden scholastischen Philosophen zu attackieren, fand in Gassendi einen treuen Bundesgenossen. Aufs gründlichste machte er sich mit der Lehre des Franzosen Pierre de la Ramée vertraut, der Aristoteles angegriffen hatte und während der Bartholomäusnacht umgekommen war. Gut verstand er den Spanier Juan Luis Vives, der die scholastische Philosophie zerschmettert hatte, und den Engländer Francis Bacon, Baron von Verulam, dessen Arbeit ›Die große Wiedergeburt‹ Aristoteles zuwiderlief. Aber alle kann man nicht aufzählen.

Professor Gassendi war von Natur aus ein Erneuerer, vergötterte Klarheit und Einfachheit des Denkens, hatte grenzenloses Vertrauen zur praktischen Erfahrung und große Achtung vor dem Experiment.

All das war mit seiner eigenen philosophischen Lehre wie mit Granit untermauert. Gassendi hatte sie ebenfalls aus der Antike übernommen, von dem Philosophen Epikur, der ungefähr dreihundert Jahre vor unserer Zeitrechnung lebte.

Hätte man den Philosophen Epikur gefragt, auf welche Formel sich seine Lehre bringen lasse, so hätte er mutmaßlich geantwortet: »Wonach strebt ein jedes Lebewesen! Nach Genuß. Warum? Weil Genuß der höchste Segen ist. Lebt weise, strebt nach beständigem Genuß.«

Epikurs Formel war Pierre Gassendi so recht nach dem Herzen, und im Laufe der Zeit baute er seine eigene auf.

»Das einzige, was den Menschen angeboren ist«, sagte er, am spitzen Gelehrtenbärtchen zupfend, zu seinen Schülern, »das ist die Liebe zu sich selbst. Und das Lebensziel jedes Menschen ist das Glück! Aus welchen Elementen besteht das Glück?« fuhr der Philosoph mit funkelnden Augen fort. »Nur aus zweien, meine Herren, nur aus zweien: ruhige Seele und gesunder Körper. Wie man seine Gesundheit bewahrt, kann euch jeder gute Arzt sagen. Wie man aber zu seelischer Ruhe gelangt, sage ich euch: Begeht keine Verbrechen, meine Kinder, dann werdet ihr weder Reue noch Bedauern empfinden, denn nur sie machen die Menschen unglücklich.«

Der Epikureer Gassendi begann seine Gelehrtenlaufbahn mit der Abfassung eines großen Werkes, in dem er die gänzliche Untauglichkeit der aristotelischen Astronomie und Physik nachwies und die Theorie des bereits erwähnten Kopernikus verteidigte. Allein dieser hochinteressante Aufsatz blieb unvollendet. Hätte man den Professor nach den Gründen befragt, so wäre seine Antwort höchstwahrscheinlich dieselbe gewesen, die ein gewisser Chrysale, Held einer späteren Komödie von Molière, seiner gar zu gelehrten Frau Philaminte gab:

Mein Leib – das bin ich selbst.
Gott hat ihn mir geschenkt.
Und so ist er mir wert,
nennt ihr ihn auch Gemächte.

»Ich mag nicht wegen Aristoteles im Kerker sitzen, verehrte Herren«, hätte Gassendi gesagt.

Und in der Tat, sperrte man dieses Gemächte, Ihren Leib, in den Kerker, was würde dann aus Ihrem philosophischen Geist?

Kurz und gut, Gassendi hielt rechtzeitig inne, ließ die Schrift über Aristoteles unvollendet und befaßte sich mit anderen Arbeiten. Gar zu sehr liebte der Epikureer das Leben, und der Beschluß des Pariser Parlaments aus dem Jahre 1624 war noch frisch in Erinnerung. Sämtliche Fakultäten jener Zeit hatten nämlich Aristoteles gewissermaßen kanonisiert, und der Parlamentsbeschluß stellte einem jeden, der es wagen sollte, Aristoteles und seine Nachfolger zu attackieren, recht unzweideutig die Todesstrafe in Aussicht.

Nachdem Gassendi also große Unannehmlichkeiten vermieden, eine Reise durch Belgien und Holland unternommen und eine Anzahl bedeutender Arbeiten verfaßt hatte, weilte er nunmehr in Paris bei Luillier, den er seit langem kannte.

Luillier war ein kluger Kopf und hatte den Professor gebeten, seinem Sohn Chapelle privatim wissenschaftliche Vorlesungen zu halten. Und da Luillier nicht nur klug, sondern auch großzügig war, erlaubte er Chapelle, junge Leute um sich zu sammeln, die gemeinsam mit ihm Gassendi hören sollten.

Außer Chapelle gehörten zu der Gruppe unser Jean-Baptiste, sodann ein gewisser Bernier, ein junger Mann, den es stark zu den Naturwissenschaften zog, der später ein berühmter Orientreisender wurde und in Paris den Spitznamen Großmogul erhielt, und endlich ein in diesem Kreise etwas auffallender Mann älteren Jahrgangs. Er war nicht Clermont-Schüler, sondern Gardeoffizier, unlängst im Krieg verwundet, Säufer, Duellant, Witzbold, Frauenheld und vielversprechender angehender Dramatiker. Schon während seines Aufenthalts in der Rhetorikklasse des Collèges zu Beauvais hatte er das interessante Stück ›Le pédant joué‹ verfaßt, in dem er seinen Direktor Jean Grangier aufs Korn nahm. Er hieß Cyrano de Bergerac.

Diese Gesellschaft also saß in den behaglichen Gemächern Luilliers und lauschte gierig Pierre Gassendis flammenden Reden. Gassendi war es, der meinem Helden den Schliff gab! Er war es, der Provenzale mit dem von Leidenschaften zerfurchten Gesicht! Von ihm übernahm Jean-Baptiste die triumphierende Philosophie Epikurs und ernsthafte naturwissenschaftliche Kenntnisse. Im bestrickenden Licht der Wachskerzen pflanzte ihm Gassendi Liebe zum klaren und präzisen Urteil, Haß auf die Scholastik, Achtung vor der Erfahrung und Verachtung von Falsch und Künstelei ein.

Es kam der Zeitpunkt, wo das Collège de Clermont und Gassendis Lektionen beendet waren. Mein Held war ein erwachsener Mann geworden.

»Sieh zu, daß du nach Orléans gehst«, sagte Poquelin-père zu seinem Clermont-Absolventen, »und an der juristischen Fakultät das Examen ablegst. Erwirb einen wissenschaftlichen Grad. Sei so gut, fall nicht durch, denn ich habe schon viel Geld für dich ausgelegt.«

Jean-Baptiste fuhr nach Orléans, um das juristische Diplom zu erwerben. Ich weiß nicht genau, ob er viel Zeit dort verbracht hat und wann das war. Wahrscheinlich zu Beginn des Jahres 1641.

Einer der vielen boshaften Menschen, die meinen Helden haßten, behauptete Jahre später, in Orléans könnte jeder Esel einen wissenschaftlichen Grad erhalten, wenn er nur Geld besitze. Aber das stimmt nicht. Ein Esel erhält keinen wissenschaftlichen Grad, und mein Held war auch keineswegs ein Esel.

Es gab freilich lebensfrohe junge Leute, die nach Orléans reisten, um sich prüfen zu lassen, und hinterher erzählten, sie seien abends in der Universität eingetroffen, hätten die Professoren geweckt, diese hätten sich gähnend ihre Gelehrtenbarette über die speckigen Nachtmützen gestülpt, ihnen an Ort und Stelle das Examen abgenommen und den Grad zuerkannt. Aber vielleicht ist das Studentenlatein.

Wie es in Orléans auch bestellt gewesen sein mag, fest steht, daß Jean-Baptiste den Grad eines Lizentiaten der Rechte erhielt.

Der Knabe mit dem Krägelchen und der langhaarige Scholar haben nunmehr aufgehört zu existieren. Vor mir steht ein junger Mann. Seine Haarsträhnen sind künstlich, er trägt eine helle Perücke.

Gierig betrachte ich ihn.

Er ist mittelgroß, hat eine leicht gebückte Haltung und eine eingefallene Brust. Die Augen in seinem bräunlichen Gesicht mit den vortretenden Backenknochen stehen weit auseinander, das Kinn ist spitz, die Nase flach und breit. Kurzum, er ist alles andere als schön. Aber seine Augen sind bemerkenswert. In ihnen lese ich allgegenwärtige Spottlust und zugleich unausgesetzte Verwunderung über die Umwelt. In diesen Augen ist etwas Wollüstiges, gleichsam Weibliches, und auf ihrem Grunde liegt verborgenes Leiden. Glaubt mir, in diesem zwanzigjährigen Mann sitzt schon jetzt ein nagender Wurm.

Der Mann stottert und atmet falsch beim Sprechen.

Ich sehe, daß er jähzornig ist. Seine Stimmungen wechseln abrupt. Leicht ist bei ihm der Übergang von Fröhlichkeit zu ernstem Nachdenken. Er weiß seinen Mitmenschen die komischen Seiten abzugewinnen und macht sie gern zum Gegenstand seines Spotts.

Zuzeiten ist er unvorsichtig offen, dann wieder bemüht er sich, verschlossen und listig zu sein. Manchmal packt ihn Tollkühnheit, die aber schnell in Feigheit und Unschlüssigkeit umschlagen kann. Oh, glaubt mir, mit solchen Eigenschaften hat er ein schweres Leben vor sich und wird sich viel Feinde machen!

Mag das Leben kommen!

6
Unwahrscheinliche Abenteuer

Die Zeit, die uns hier beschäftigt, war für Frankreich eine stürmische Zeit. Friedlich erschien das Leben allenfalls im Collège de Clermont oder im väterlichen Laden.

Kriege und innere Unruhen erschütterten Frankreich, und das währte schon Jahre. Zu Beginn des Jahres 1642 hatten sich König Ludwig XIII. und der allmächtige faktische Herrscher Frankreichs, der Kardinal und Herzog Armand Richelieu, nach dem Süden zu ihren Truppen begeben, um den Spaniern die Provinz Roussillon zu entreißen.

Die königlichen Tapezierer (es waren mehrere) hatten der Reihe nach beim König Dienst, und Poquelin-père fielen die Frühlingsmonate April, Mai und Juni zu. Da ihn im Jahre 1642 Geschäfte in Paris zurückhielten, entschloß er sich, seinen ältesten Sohn als seinen Stellvertreter zum Dienst in die königliche Wohnung zu schicken, sicherlich mit dem Hintergedanken, Jean-Baptiste an das höfische Leben zu gewöhnen.

Der Sohn folgte seines Vaters Geheiß und begab sich zu Beginn des Frühjahrs in den Süden des Landes. Alsbald verschluckte ihn geheimnisvolles Dunkel, und niemand weiß, was ihm im Süden im einzelnen widerfuhr. Es verbreitete sich jedoch das Gerücht, Jean-Baptiste sei an unwahrscheinlichen Abenteuern beteiligt gewesen.

Kardinal Richelieu, der den willensschwachen und unbegabten König Ludwig XIII. gänzlich in der Hand hatte, war bei vielen französischen Aristokraten verhaßt.

1642 tat sich gegen ihn eine Verschwörung zusammen, deren Seele der junge Marquis Cinq-Mars wurde. Der mit allen Wassern gewaschene Politiker Richelieu kam dahinter, und obwohl Cinq-Mars in königlicher Gunst stand, sollte er ergriffen und des Staatsverrats – der Verbindung mit Spanien – angeklagt werden.

In der Nacht vom 12. auf den 13. Juni soll in einer südlichen Stadt ein unbekannter junger Mann an Cinq-Mars herangetreten sein und ihm einen Zettel in die Hand gedrückt haben. Nachdem sich Cinq-Mars von den anderen Höflingen getrennt hatte, las er im flackernden Fackelschein die kurze Mitteilung und floh, um sich in Sicherheit zu bringen. Der Zettel enthielt die Worte: »Euer Leben ist in Gefahr.« Eine Unterschrift gab es nicht.

Diesen Zettel soll der junge Kammerdiener Poquelin geschrieben und übergeben haben, um den Marquis vor dem sicheren Tode zu retten. Aber der Zettel schob den Tod nur hinaus. Vergeblich suchte er nach einem Zufluchtsort, vergeblich versteckte er sich im Bett seiner Geliebten, Madame de Siousac. Man faßte ihn schon am nächsten Tag, und bald darauf wurde er hingerichtet.

Hundertvierundachtzig Jahre später hat der Schriftsteller Alfred de Vigny das Andenken an ihn in einem Roman verewigt, und weitere einundfünfzig Jahre später tat es in einer Oper der berühmte Schöpfer von ›Margarethe‹, der Komponist Gounod.

Einige behaupten jedoch, die Sache mit dem Zettel sei erfunden, und Jean-Baptiste habe mit dem Fall Cinq-Mars nichts zu tun gehabt, er habe sich nicht in Dinge gemischt, die ihn nichts angingen, sondern still und sorgsam seinen Dienst als königlicher Lakai versehen. Wenn es so ist, bleibt unverständlich, wer die Geschichte mit dem Zettel ersonnen hat und warum.

Ende Juni hielt sich der König wenige Lieues von Nîmes entfernt in Montfrin auf, und hier kam es zu einem zweiten Abenteuer, welches, wie der Leser sehen wird, im Leben unseres Helden eine bedeutend größere Rolle spielen sollte als das mit dem unglücklichen Cinq-Mars. In Montfrin nämlich, wo es Heilquellen gab, traf der königliche Kammerdiener, dessen Dienst für dieses Jahr schon zu Ende war oder sich seinem Ende näherte, nach einiger Trennungszeit seine Bekannte Madeleine Béjart wieder. Die Schauspielerin reiste mit einer Wandertruppe. Man weiß nicht genau, wann sich der Kammerdiener von dem königlichen Gefolge trennte. Sicher ist aber, daß er nicht sofort nach Beendigung seines Dienstes, das heißt im Juli 1642, nach Paris zurückkehrte, sondern noch eine Zeitlang den Süden bereiste und dabei, wie an ihm Interessierte mitteilen, der Madame Béjart verdächtig nahe war. Wie dem auch sei, im Herbst 1642 kehrte Poquelin in die Hauptstadt zurück und meldete dem Vater, daß er seine Aufgabe erfüllt habe.

Der Vater erkundigte sich, was sein Sohn und Erbe weiterhin zu tun gedenke. Jean-Baptiste versicherte, er wolle sich in der Jurisprudenz vervollkommnen. Sodann quartierte er sich, soviel ich weiß, getrennt vom Vater ein, und in der Stadt hieß es, Poquelins ältester Sohn sei Advokat geworden oder werde es in Kürze sein.

Höchlich verblüfft aber wäre gewesen, wer beobachtet hätte, wie sich der junge Poquelin auf seinen Advokatenberuf vorbereitete. Wo hat man je gehört, daß die Scharlatane auf dem Pont-Neuf Advokaten ausbildeten? Jean-Baptiste ließ die juristischen Bücher im Stich, begab sich heimlich zu einer Scharlatanstruppe und bat um irgendeine Rolle, und sei es die des Ausrufers, der das Volk in die Bude lockte. So also sah sein Studium der Jurisprudenz aus!

In der Folgezeit pflegten die Feinde meines Helden – und es waren ihrer viele – zu höhnen, er habe sich als dreckiger Possenreißer im Hallenviertel herumgetrieben und zur Erheiterung des Pöbels Schlangen verschluckt. Ich kann nicht sagen, ob das stimmt oder nicht, ich weiß aber, daß er in dieser Zeit eifrig die Tragödie studierte und gelegentlich in Liebhaberaufführungen mitwirkte.

Die Lektüre von Corneille, die nächtens meinen Helden erregte, die unvergeßlichen Eindrücke von seinen Straßenauftritten und der stickige Geruch der Maske, die, wer sie einmal aufhatte, nie wieder absetzt, verdarben den verkrachten Juristen vollends, und als er eines Morgens über dem ›Cid‹ seine Kerzen löschte, entschied er, daß die Zeit gekommen sei, die Welt in Erstaunen zu setzen.

Und wirklich, er setzte die Welt in Erstaunen, und sein erstes Opfer wurde der schwergeprüfte Vater Poquelin.

7
Die illustre Bande

In den ersten Januartagen des ereignisträchtigen Jahres 1643 erschien Jean-Baptiste bei seinem Vater und erklärte, alle Pläne, ihn in die Advokatenkorporation einzureihen, seien Hirngespinste, er wolle weder Notarius noch Gelehrter werden und vor allem nichts mit dem Tapeziererladen zu tun haben. Er gehe dahin, wohin ihn schon als Kind seine Berufung gezogen habe, nämlich zu den Komödianten.

Meine Feder sträubt sich wiederzugeben, was daraufhin geschah.

Als sich der Vater ein wenig gefaßt hatte, suchte er dem Sohn dieses Vorhaben auszureden und sagte ihm alles, was zu sagen ihm seine väterliche Pflicht gebot. Daß der Schauspielerberuf von jedermann verachtet werde. Daß die heilige Kirche die Schauspieler ausstoße. Daß diesen Beruf lediglich Bettler oder Vagabunden ergreifen könnten.

Der Vater drohte, der Vater flehte.

»Ich bitte dich, geh und denke darüber nach, und dann komm wieder zu mir!«

Allein der Sohn weigerte sich rundheraus, über derartiges nachzudenken.

Daraufhin eilte der Vater zu einem Priester und bat ihn unter Tränen, dem Jean-Baptiste diese Pläne auszureden.

Der Geistliche entsprach der Bitte des angesehenen Gemeindemitglieds und redete dem Sohn zu, aber die Ergebnisse seines Zuredens waren so erstaunlich, daß es direkt komisch ist, davon zu sprechen. In Paris wurde mit Bestimmtheit behauptet, der Kirchenmann habe nach einer zweistündigen Unterredung mit dem verrückten Jean-Baptiste junior seine schwarze Soutane ausgezogen und sich mit ihm in dieselbe Truppe eingeschrieben.

Ich erkläre freimütig, daß dies recht unwahrscheinlich ist. Soweit ich mich entsinne, ist kein Geistlicher in das Theater eingetreten, aber dafür hat ein gewisser George Pinel dem Poquelin-père einen seltsamen Streich gespielt.

Dieser George Pinel hatte sich auf Vater Poquelins Bitte eine Zeitlang mit Jean-Baptiste beschäftigt und ihn im kaufmännischen Rechnen unterwiesen. Pinel war überdies mit Poquelin durch Geldgeschäfte verbunden, was sich darin ausdrückte, daß er sich gelegentlich Geld von ihm lieh.

Poquelin-père, der vor Verzweiflung nicht aus noch ein wußte, suchte Pinel auf und bat ihn, seinem ehemaligen Schüler ins Gewissen zu reden. Der gefällige Pinel sprach tatsächlich mit Jean-Baptiste und erschien dann beim Vater, um über die Ergebnisse zu berichten. Es stellte sich heraus, daß Jean-Baptiste ihn, Pinel, überzeugt hatte, das kaufmännische Rechnen an den Nagel zu hängen und mit zum Theater zu gehen.

»Dreimal verflucht sei Pinel, dieser Nichtstuer, dem ich obendrein noch hundertvierzig Livres geliehen habe!« schalt der unglückliche Vater nach Pinels Weggang und rief abermals den Sohn zu sich.

Es war der 6. Januar, ein denkwürdiger Tag im Leben des Vaters.

»Nun, was ist, beharrst du auf deinem Entschluß?« fragte er.

»Ja, mein Entschluß ist unabänderlich«, antwortete der Sohn, in dessen Adern offensichtlich das Blut der Cressés, nicht der Poquelins floß.

»Bedenke«, sagte der Vater, »daß ich dir den Titel des königlichen Kammerdieners entziehen muß. Gib ihn mir zurück. Ich bereue, daß ich auf den verrückten Großvater gehört habe und dich ausbilden ließ.«

Der verrückte und keineswegs reuige Jean-Baptiste antwortete, er verzichte gern auf den Titel und habe nichts dagegen, wenn der Vater ihn nach Wahl einem seiner anderen Söhne vermache.

Der Vater verlangte einen schriftlichen Verzicht. Jean-Baptiste unterschrieb den Verzicht ohne Zögern, was jedoch rechtlich keine Rolle spielte.

Sodann ging es ans Teilen. Aus dem Erbe seiner Mutter standen Jean-Baptiste etwa fünftausend Livres zu. Der Vater feilschte wie auf dem Jahrmarkt. Er wollte nicht, daß das Gold in die löchrigen Beutel vagabundierender Komödianten flösse. Und er hatte dreimal recht. Kurz und gut, er händigte dem Sohn sechshundertdreißig Livres aus, und mit diesem Geld verließ der Sohn sein Vaterhaus.

Er begab sich direkt zur Place-Royale zu einer Familie, die seinem Herzen unendlich teuer war, zur Familie Béjart.

Joseph Béjart oder Sieur de Belleville, ein kleiner Beamter in der Staatlichen Verwaltung der Gewässer und Forsten, lebte in Paris mit seiner Frau, einer geborenen Marie Hervé, und hatte vier Kinder.

Das Ungewöhnliche an der Familie war, daß alle, angefangen

bei Sieur de Belleville, das Theater leidenschaftlich liebten. Die Tochter Madeleine, die wir schon kennen, war eine vorzügliche Berufsschauspielerin. Der älteste Sohn Joseph und die neunzehnjährige Schwester Madeleines, Geneviève, spielten nicht nur in Liebhaberaufführungen mit, sondern träumten auch davon, ein Theater zu gründen. Natürlich strebte der jüngste Sohn Louis ebenfalls zum Theater und hatte sein Ziel nur deshalb noch nicht erreicht, weil er erst dreizehn Jahre alt war. Béjart-Belleville billigte die Wünsche seiner Kinder, denn er hatte sich auch schon auf der Bühne versucht, und die liebende Mutter hatte gegen die Begeisterung ihrer Kinder gleichfalls nichts einzuwenden.

Eine passendere Gesellschaft hätte Jean-Baptiste schwerlich finden können.

Aber nicht nur die Liebe zum Theater verband Poquelin mit den Béjarts. Es besteht kein Zweifel, daß Madeleine und Poquelin sich liebten und einander nahestanden.

Es sei erwähnt, daß die Familie Béjart seit Ende 1641 außerhalb von Paris auf Reisen gewesen und etwa zur gleichen Zeit nach Paris zurückgekehrt war wie unser Held, nämlich Anfang 1643.

Im Januar 1643 also erschien Poquelin mit seiner geerbten Barschaft bei den Béjarts, und nun begann in dem Haus an der Place-Royale eine ungewöhnliche Betriebsamkeit. Mancherlei theaterverdächtige junge Leute kamen hier zusammen, aber auch verwitterte und erfahrene Berufsschauspieler.

Pinel fühlte sich wie ein Fisch im Wasser und glänzte inmitten dieser Bohème. Ich verbürge mich dafür, daß keinem Menschen gelungen wäre, was ihm gelang. Er suchte Vater Poquelin auf und brachte es fertig, ihm zweihundert Livres für den Sohn abzuluchsen, von dem er dem Hoftapezierer Unwahrscheinliches zu berichten wußte. Es heißt, er sei mit ihm verfahren wie Scapin mit Geronte in der Komödie Molières. Durchaus möglich.

Im Sommer 1643 war die Sache herangereift. Am 30. Juni wurde im Hause der Witwe Marie Hervé (Sieur de Belleville war im März verstorben) in Anwesenheit von Monsieur Maréchal, Advokat beim Pariser Parlament, ein feierlicher Vertrag geschlossen. Aus ihm ging hervor, daß eine Gesellschaft von zehn Personen ein neues Theater gründete.

Dafür also waren die sechshundertdreißig und die weiteren zweihundert Livres bestimmt gewesen! Geld für die Theatergründung hatte auch Madeleine beigesteuert, die sehr sparsam war und während ihrer Bühnentätigkeit schon ein hübsches Sümmchen zurückgelegt hatte. Marie Hervé, die ihre Kinder vergötterte, hatte ebenfalls die letzten Mittel zusammengekratzt und ihr Kapital in das Unternehmen gesteckt. Die übrigen Mitglieder der Truppe waren begreiflicherweise arm wie die Kirchenmäuse und konnten nur ihre Tatkraft und ihr Talent, Pinel noch seine Lebenserfahrung in das Unternehmen einbringen.

Die Truppe nannte ihr Unternehmen ohne überflüssige Bescheidenheit Illustres Theater, und die Mitglieder nannten sich »Kinder der Familie«, woraus man folgern mag, daß unter den neuen Musendienern jene Einmütigkeit herrschte, auf der sich nach Meinung des Aristoteles das ganze Weltall hält. Zu den Kindern der Familie gehörten die drei Béjarts – Joseph, Madeleine und Geneviève, zwei junge Mädchen – Malingre und Desurlis, ein gewisser Germain Clérin, der junge Gerichtsschreiber Bonnenfant, der erfahrene Berufsschauspieler Denis Bey, der bereits erwähnte George Pinel und endlich der glühende Anführer der ganzen Gesellschaft, unser Jean-Baptiste Poquelin.

Apropos, Jean-Baptiste Poquelin hörte mit der Gründung des Illustren Theaters auf zu existieren, und an seine Stelle trat Jean-Baptiste Molière. Woher kam dieser neue Name? Man weiß es nicht. Einige behaupteten, Poquelin habe sich ein in Theater- und Musikantenkreisen wanderndes Pseudonym angeeignet, andere versicherten, der Name stamme von irgendeinem Ort, noch andere meinen, er habe den Namen von einem Schriftsteller übernommen, der 1623 Selbstmord beging. Wie dem auch sei, er nannte sich Molière.

Als der Vater davon hörte, machte er nur eine wegwerfende Handbewegung, und George Pinel, um nicht hinter seinem hitzigen Freund zurückzubleiben, nannte sich George Couture.

Das Entstehen einer neuen Truppe in Paris erregte Aufsehen, und die Schauspieler des Hôtel de Bourgogne tauften die »Kinder der Familie« sofort in Lumpenbande um.

Die Bande ließ dieses unangenehme Wort zum einen Ohr herein, zum anderen hinaus und ging aufs tatkräftigste ans Werk, angeführt von Molière und Bey, während Madeleine die Finanzen verwaltete. Als erstes begab man sich zu einem Herrn Gallois du Mestayer, und dieser vermietete der Bande seinen äußerst verwahrlosten Ballspielsaal bei den Gräben nahe der

Porte de Nesle. Mit Gallois wurde ein Vertrag unterschrieben, nach welchem er sich verpflichtete, gemeinsam mit der Tischlerinnung den Saal zu renovieren und eine Bühne darin zu errichten.

Man gewann vier Musikanten, Godard, Tisse, Lefebvre und Gaburet, zahlte jedem von ihnen zwanzig Sols täglich und begann mit den Proben. Nachdem die Kinder der Familie ein paar Stücke einstudiert hatten, um nicht während der Saalrenovierung kostbare Zeit zu verlieren, setzten sie sich in Wagen und fuhren zur Herbstmesse in die Stadt Rouen, wo sie Tragödien spielen wollten.

Von Rouen aus schrieben sie Briefe an Gallois und spornten ihn an, die Renovierung zu beschleunigen. Nachdem sie vor dem wohlmeinenden Rouener Jahrmarktpublikum mit mäßigem Erfolg gespielt hatten, kehrten sie nach Paris zurück und schlossen einen Vertrag mit dem Steinmetz Léonard Aubry, einem Mann von liebenswürdigem Charakter, der es übernahm, den Platz vor dem Theater zu pflastern.

»Sie verstehen, da werden Kutschen vorfahren, Herr Aubry«, sagte Herr Molière und rieb sich unruhig die Hände.

Seine Unruhe übertrug sich auf Herrn Aubry, der sich nicht lumpen ließ: Das Pflaster geriet wunderschön und war sehr dauerhaft.

Endlich, an einem Abend des neuen Jahres 1644, wurde das Theater mit einer Tragödie eröffnet.

Ich scheue mich zu erzählen, was nun geschah. Mir ist nicht erinnerlich, ob je ein Theater auf der Welt dermaßen scheiterte.

Nach den ersten Aufführungen erzählten die Schauspieler der anderen Theater schadenfroh, im Illustren Theater an der Porte de Nesle sei außer den Eltern der Schauspieler, die Freikarten hatten, keine lebende Seele erschienen. Leider ist das nahezu wahr. Die Bemühungen des Herrn Aubry waren vergebens gewesen, denn buchstäblich keine einzige Kutsche fuhr auf seinem Pflaster vor.

Begonnen hatte es damit, daß Pfarrer Olier von der Nachbargemeinde St.-Sulpice gleichzeitig mit den Vorstellungen eifernde Vorträge darüber hielt, der Teufel werde mit seinen Krallen nicht nur die verfluchten Komödianten packen, sondern auch jeden, der die Komödie besuche.

Nachts kam Jean-Baptiste Molière der erbitterte Gedanke, daß es gut wäre, diesem Prediger ein Messer in die Rippen zu jagen.

In Verteidigung des Predigers muß ich sagen, daß es sicherlich nicht an ihm lag. War etwa er schuld, daß der Arzt den Joseph Béjart, der die jugendlichen Liebhaber spielte, nicht vom Stottern zu heilen vermochte? War etwa er schuld, daß Molière, der die tragischen Rollen spielte, ebenfalls stotterte?

In dem feuchten und düsteren Saal brannten in elenden Blechleuchtern tröpfelnde Talglichter. Das Piepsen der vier Fiedeln bot beim besten Willen nicht die Illusion eines großen Orchesters. Die berühmten Dramatiker schauten hier nicht herein, und hätten sie hereingeschaut, so fragt sich noch, ob sie mit der Wiedergabe ihrer wohltönenden Monologe durch den Schreiber Bonnenfant zufrieden gewesen wären.

Es ging von Tag zu Tag schlechter. Das Publikum benahm sich miserabel und erlaubte sich finstere Ausfälle, beispielsweise in Form heftiger Schimpfkanonaden.

Sicher, der Truppe gehörte die großartige Schauspielerin Madeleine an, aber sie konnte schließlich die Tragödie nicht allein spielen! O liebenswürdige Freundin Jean-Baptiste Molières! Du verwandtest viel Mühe auf die Rettung des Illustren Theaters! Als ihr alter Liebhaber Graf de Modène nach Verbannung und spannenden Abenteuern wieder in Paris auftauchte, wandte sich Madeleine an ihn, und er erwirkte der unglücklichen Bruderschaft von Nesle das Recht, sich »Truppe Seiner Königlichen Hoheit des Prinzen Gaston d'Orléans« zu nennen.

Der listige Jean-Baptiste Molière entdeckte in sich Anlagen zum richtigen Theaterdirektor, engagierte Tänzer und veranstaltete Balletts für die Kavaliere des Prinzen. Aber das Ballett ließ die Kavaliere kalt.

Eines Abends versicherte der hartnäckige Jean-Baptiste seiner Madeleine, die ganze Würze liege im Repertoire, und engagierte den Schauspieler und Dramatiker Nicolas Desfontaines. »Wir brauchen ein glänzendes Repertoire«, sagte er ihm.

Desfontaines erklärte, er habe verstanden, und übergab dem Theater mit beneidenswerter Schnelligkeit seine Stücke. Eines von ihnen hieß ›Persida oder Der illustre Bassa‹, ein anderes ›Der heilige Alexis oder Die illustre Olympia‹, ein drittes ›Der illustre Komödiant oder Das Martyrium des heiligen Genasius‹. Aber das Pariser Publikum, offensichtlich verhext von dem Prediger, wünschte weder die illustre Olympia noch den illustren Bassa zu sehen.

Einige Erleichterung brachte die Tragödie ›Die Familiennöte Konstantins des Großen‹ von Tristan l'Hermite, in der Madeleine hervorragend die Rolle der Epicharis spielte. Aber auch das währte nicht lange.

Als Madeleines Ersparnisse aufgebraucht waren, suchten die Kinder der Familie Marie Hervé auf, die zum erstenmal weinte und ihnen ihr letztes Geld gab.

Sodann ging man auf den Markt, zu Jean-Baptiste Poquelin, dem Vater. In seinem Laden kam es zu einer peinigenden Szene. Poquelin brachte auf die Bitte um Geld nicht gleich eine Antwort heraus. Doch stellen Sie sich vor, er gab Geld. Ich bin überzeugt, man hatte Pinel zu ihm geschickt.

Sodann erschien Gallois du Mestayer bei den Komödianten mit der Frage, ob sie Miete zahlen würden oder nicht, und heischte eine klare Antwort. Die aber blieb aus. Er bekam eine verschwommene Antwort, voll von Schwüren und Versprechungen.

»Wenn's so ist, packt euch davon!« rief Gallois. »Mitsamt euren Geigen und euren rothaarigen Schauspielerinnen!«

Letzteres war überflüssig, denn rothaarig war in der Truppe nur Madeleine.

»Ich habe schon längst vor, dieses widerwärtige Loch zu verlassen!« schrie Molière, und die Bruderschaft, die gar nicht bemerkt hatte, daß ein ganzes schlimmes Jahr verflogen war, folgte ihrem Oberhaupt zur Porte St.-Paul in einen Saal, der dem des Herrn Gallois ähnelte. Er trug den Namen »Schwarzes Kreuz« und sollte ihn sehr bald rechtfertigen.

Nachdem die illustre Truppe den ›Artaxerxes‹ des Schriftstellers Magnon gespielt hatte, wurde Herr de Molière, der in Paris zu Recht als Anführer des Theaters galt, in den Schuldturm geführt. Ihm folgten ein Wucherer, der Wäschelieferant und der Kerzenhändler Antoine Fosset, dessen Kerzen im Illustren Theater so jämmerlich getropft hatten.

Pinel lief zu Poquelin-père.

»Was? Ihr?« sagte Jean-Baptiste Poquelin und drohte zu ersticken. »Ihr ... Ihr seid gekommen? Schon wieder zu mir? Was ist denn los?«

»Er sitzt im Schuldturm«, erwiderte Pinel, »weiter sage ich nichts, Herr Poquelin. Er sitzt im Schuldturm!«

Und Poquelin-père ... gab Geld.

Aber nun fielen die Gläubiger von allen Seiten über Jean-Baptiste Molière her, und er wäre wohl sein Lebtag nicht mehr aus dem Schuldturm herausgekommen, hätte nicht derselbe Léonard Aubry, der das vortreffliche, doch nutzlose Pflaster vor der Auffahrt des ersten Molière-Theaters angelegt hatte, für die Schulden des Illustren Theaters gebürgt.

Ich weiß nicht, mit was für einem Tränklein George Pinel den Léonard Aubry dazu brachte, doch möge der Name Léonard Aubry dem Gedächtnis der Nachwelt erhalten bleiben!

Die gesamte Truppe des Illustren Theaters, nachdem ihr Anführer dem Kerker entronnen war, versprach Herrn Aubry feierlich, ihm mit der Zeit die Schulden abzuzahlen, für die er gebürgt hatte.

Mit Molières Rückkehr nahm die Truppe das Theaterspielen wieder auf. Es gelang Molière, die Gönnerschaft des Herzogs von Lothringen, Henri de Guise, zu gewinnen, der der Truppe großmütig seine reiche Garderobe schenkte. Die Bruderschaft legte die prächtigen Kostüme an und verpfändete die goldgestickten Bänder den Wucherern. Aber das half nicht. Die Bruderschaft wankte. Erste Anzeichen von Panik machten sich bemerkbar. Man mußte das sargartige Schwarze Kreuz an der Porte St.-Paul verlassen und in einen neuen Saal übersiedeln. Dieser hatte einen lichteren Namen – »Weißes Kreuz«.

Aber ach! Er brachte nicht mehr Glück als das Schwarze Kreuz.

Pinel, Bonnenfant und dann Bey hielten die Entbehrungen nicht mehr aus und machten sich davon. Die Agonie des Illustren Theaters währte einige Zeit, und zu Beginn des Jahres 1645 war die Lage klar. Man verkaufte alles, was sich verkaufen ließ: Kostüme, Dekorationen...

Im Herbst 1645 hörte das Illustre Theater für immer auf zu bestehen.

Das war im Herbst. In einer kleinen Wohnung in der Rue Jardin St.-Paul saß abends im Kerzenlicht eine Frau. Vor ihr stand ein Mann. Die drei schweren Jahre, die Wucherer, der Schuldturm und die Demütigungen hatten ihn außerordentlich verändert. Seine Mundwinkel waren von den Falten der bitteren Erfahrung gekerbt, doch man brauchte nur sein Gesicht zu betrachten, um zu verstehen, daß keinerlei Unglück ihn zu beirren vermochte. Dieser Mann konnte weder Advokat oder Notarius noch Möbelhändler werden. Vor der rothaarigen Madeleine stand ein vom Leben durchgerüttelter vierundzwanzigjähriger Berufsschauspieler. Auf seinen Schultern hingen die Reste eines Mantels des Herzogs Henri de Guise, und wenn er durchs Zimmer schritt, klimperten in seinen Taschen die letzten Sous.

Das Oberhaupt des Illustren Theaters, das so gründlich Pleite gemacht hatte, trat ans Fenster und verfluchte in virtuosen Ausdrücken die Stadt Paris samt ihren Vororten, dem Schwarzen und Weißen Kreuz und dem Loch an der Porte de Nesle. Sodann schmähte er das Pariser Publikum, das von Kunst keine Ahnung habe, und fügte hinzu, in Paris gebe es nur einen ordentlichen Menschen – den königlichen Steinmetz Léonard Aubry.

Noch lange wetzte er die Zunge, ohne eine Antwort zu erhalten, und fragte schließlich verzweifelt: »Jetzt wirst du mich natürlich auch verlassen? Nun gut, du kannst versuchen, ins Hôtel de Bourgogne einzutreten.«

Und er setzte hinzu, daß die Schauspieler des Bourgogne Halunken seien.

Die rothaarige Madeleine hörte sich diesen Unsinn schweigend an, dann begannen die Liebenden zu flüstern, und sie flüsterten bis zum Morgen. Was sie sich ausdachten, wissen wir nicht.

8
Wanderschauspieler

Leider ist gänzlich unbekannt, wohin sich mein Held hernach gewendet hat. Er war wie vom Erdboden verschluckt. Ein ganzes Jahr lang hörte man nichts von ihm, aber dann behaupteten zweifelhafte Zeugen, im Sommer 1647 in Italien, in einer Straße von Rom, einen Mann gesehen zu haben, der dem pleite gegangenen Theaterdirektor Molière ähnlich sah wie ein Ei dem andern. Er habe dort in der glühenden Sonne gestanden und ehrerbietig mit dem französischen Gesandten, Herrn de Fontenay-Mareuil, geplaudert.

Im Herbst desselben Jahres 1647 vollzogen sich in Italien, in Neapel, große Ereignisse. Ein mutiger Fischer namens Tommaso Aniello organisierte einen Volksaufstand gegen den dazumal in Neapel regierenden spanischen Vizekönig, den Herzog von Arcos. In der Stadt knallten Pistolenschüsse, die Straßen röteten sich von Blut. Tommaso Aniello wurde ergriffen, hingerichtet und sein Haupt auf eine Pike gespießt, aber das Volk von Neapel trug ihn feierlich zu Grabe und legte ihm Schwert und Marschallstab in den Sarg.

Danach mischten sich die Franzosen in den neapolitanischen Zwist, und der Herzog von Lothringen, Henri de Guise, zog mit seinen Truppen in Neapel ein.

Nun also, dem Gefolge des von Guise soll der ehemalige Direktor des unglücklichen Illustren Theaters, Herr de Molière, angehört haben. Wie er in das Gefolge geraten war und was er in Neapel tat, vermag niemand genau zu sagen. Einige behaupten, Jean-Baptiste sei niemals in Rom noch in Neapel gewesen und man habe einen anderen jungen Abenteurer mit ihm verwechselt.

Mehr noch, es gibt Zeugen, die etwas anderes bekunden: Im Sommer 1646 habe ein ärmlicher Wagentroß Paris durch den Faubourg St.-Germain verlassen und sich gen Süden gewandt. Magere Ochsen hätten die mit Hausrat beladenen Rollwagen gezogen. Auf dem ersten Wagen habe eine rothaarige Frau gesessen, in einen Umhang gehüllt, um sich vor dem Staub zu schützen, und diese Frau sei niemand anderes gewesen als Madeleine Béjart. Wenn das stimmt, muß man sich den Namen Madeleine Béjart merken. Die bezaubernde Schauspielerin hatte in schwerer Stunde ihren Geliebten, der seine erste Schlacht in Paris verlor, nicht verlassen. Sie hatte nicht versucht, ins Marais-Theater oder ins Hôtel de Bourgogne einzutreten. Sie hatte keine Pläne geschmiedet, um ihren ersten Geliebten, den Grafen de Modène, in ihre Netze zu ziehen und zu heiraten. Sie war eine treue und starke Frau, alle mögen das wissen!

Neben dem Rollwagen hinkte ein sechzehnjähriger Junge, und die Bengels in den Dörfern hänselten ihn, pfiffen und schrien: »Lahmer Teufel!«

Und nach genauerem Hinsehen fügten sie hinzu: »Schielauge! Schielauge!«

In der Tat, Louis Béjart lahmte und schielte.

Wenn die Staubwolken verflogen, waren noch einige Gesichter auf dem Wagen zu erkennen, größtenteils bekannte Gesichter: der tragische Liebhaber und Stotterer Joseph Béjart, seine zänkische Schwester Geneviève...

Es ist unschwer zu erraten, daß der Anführer der Karawane Jean-Baptiste Molière war.

Kürzer gesagt, nach dem Zusammenbruch des Illustren Theaters hatte Molière die Reste der treuen Brudergarde aus den Trümmern geborgen und auf Räder verfrachtet.

Dieser Mann konnte keinen Augenblick außerhalb des Theaters existieren, und er hatte Kräfte genug, um nach dreijähriger Arbeit in Paris Wanderkomödiant zu werden. Sie sehen, es war ihm überdies mit flammenden Reden gelungen, auch die Familie Béjart mitzureißen. Infolgedessen zogen nun sämtliche Béjarts durch den Staub der französischen Landstraßen. Und es gab neue Gesichter in der Gesellschaft, darunter den Berufstragöden Charles Dufresne, der zugleich Dekorationsmaler und Regisseur war und zeitweise eine eigene Truppe unterhalten hatte, sowie den großartigen Berufskomiker René Berthelot alias Duparc, der alsbald den Theaternamen Gros-René erhielt, weil er komische dicke Diener spielte; diesen Namen trug er sein Leben lang.

In seinem Wagen führte das Oberhaupt der Karawane die Stücke von Tristan, Magnon und Corneille mit sich.

In der ersten Zeit hatten es die Wanderschauspieler sehr schwer. Sie mußten manchmal in Heuschobern nächtigen und in Dorfscheunen spielen, wo ihnen schmutzige Lappen als Vorhang dienten.

Bisweilen gerieten sie auch in reiche Schlösser, und wenn der Besitzer, irgendein Würdenträger, vor Langeweile Komödianten zu sehen wünschte, traten die schmutzigen und verschwitzten Schauspieler Molières im Besuchszimmer auf.

Wenn die Schauspieler in einem neuen Ort eintrafen, zogen sie als erstes ehrerbietig die vertragenen Hüte, suchten das Ortsoberhaupt auf und baten um Erlaubnis, für das Volk spielen zu dürfen.

Die Ortsoberhäupter gingen, wie es ihnen zukam, nicht eben freundlich, sondern heftig mit den Komödianten um und bereiteten ihnen unsinnige Hindernisse.

Die Schauspieler erklärten, sie wollten eine Tragödie in Versen von dem ehrenwerten Herrn Corneille aufführen.

Ich glaube nicht, daß die örtlichen Machthaber auch nur das geringste von den Versen Corneilles verstanden. Nichtsdestoweniger verlangten sie, die Verse vorher zu prüfen. Danach verboten sie zuweilen die Vorstellung. Die Begründungen waren mannigfaltig. Meistens hieß es: »Unser Volk ist arm und soll kein Geld für eure Vorstellungen verschwenden.«

Es gab auch rätselhafte Antworten: »Wir fürchten, infolge eurer Vorstellung könnte etwas passieren...«

Es gab auch freundliche Antworten – bei diesem Wanderleben kam alles vor!

Die Geistlichkeit nahm die Schauspieler allerorts gleichermaßen feindselig auf. Da bedurfte es schlauer Kniffe, zum Beispiel stiftete man die ersten Einnahmen einem Kloster oder für wohltätige Zwecke, was die Vorstellung recht oft rettete.

Wenn die Schauspieler in ein Städtchen kamen, suchten sie als erstes den Saal oder Schuppen für das Ballspiel, das die Franzosen sehr liebten. Nachdem sie mit dem Besitzer übereingekommen waren, schlugen sie die Bühne auf, legten die kargen Kostüme an und spielten.

Übernachtet wurde in Ausspannhöfen, manchmal zu zweien in einem Bett.

So zogen sie in Schleifen durch ganz Frankreich. Es gibt ein Gerücht, wonach Molières Komödianten zu Beginn ihres Wanderlebens in Mans gesehen worden seien.

1647 kamen sie in die Provinz Guyenne, nach Bordeaux. Hier, in der Heimat des herrlichen Bordeauxweins, lächelte den abgemagerten Komödianten zum erstenmal das Glück. Offiziell wurde Guyenne von Bernard de Nogaret, Herzog von Épernon, regiert. Es galt jedoch als offenes Geheimnis, daß der eigentliche Gouverneur die Dame Nanon de Lartigue war, und übel erging es der Provinz unter dieser Dame.

Nun war die von der Verwaltung der Provinz entnervte Madame de Lartigue in Melancholie verfallen, und der Herzog von Épernon beschloß, seine Geliebte durch eine Kette von Festlichkeiten und Schauspielen am Fluß Garonne zu zerstreuen. Es war nachgerade ein glücklicher Wind, der Molière nach Guyenne geweht hatte. Der Herzog empfing die Komödianten mit offenen Armen, und in ihren Taschen ertönte zum erstenmal das freundliche Klimpern von Gold.

Molière und seine Truppe spielten für den Herzog und dessen Freundin Magnons Tragödie ›Josaphat‹ und andere Stücke. Es gibt die Kunde, daß er außerdem in Bordeaux ein Kunstwerk darbot, das Erwähnung verdient. Es soll die während der Fahrten von Molière selbst verfaßte Tragödie ›La Thebaïde‹ gewesen sein, und es heißt, sie sei ihm höchst plump geraten.

Im Frühjahr 1648 konnte man unseren Komödianten schon wieder andernorts begegnen, nämlich in der Stadt Nantes, wo sie eine Spur in offiziellen Papieren hinterließen, aus denen ersichtlich ist, daß ein gewisser »Molierre« um Erlaubnis bat, Theatervorstellungen zu veranstalten, welche Erlaubnis ihm auch erteilt ward. Man weiß ferner, daß Molière in Nantes mit der Marionettentruppe des Venezianers Ségale zusammentraf und diese aus dem Felde schlug; sie sah sich genötigt, die Stadt Molière zu überlassen.

Den Sommer und Winter 1648 verbrachte die Truppe in Städten und Ortschaften in der Nähe von Nantes, und im Frühjahr 1649 ging sie nach Limoges, wo es Unannehmlichkeiten gab: Herr Molière, der in einer tragischen Rolle auftrat, wurde von den Limogern grausam ausgepfiffen und mit Bratäpfeln beworfen, so heftig mißfiel ihnen sein Spiel.

Herr Molière verfluchte Limoges und führte seine wandernde Kumpanei an andere Plätze. Sie besuchten Angoulême, Agenais und Toulouse. Im Januar 1650 kamen sie nach Narbonne. Und im Frühling verließ Herr Molière seine Truppe für einige Zeit, um heimlich Paris zu besuchen.

Es besteht kein Zweifel, daß Molière und seine Truppe im Winter 1650 in die Stadt Pézenas kamen, wo er ein Andenken hinterließ in Gestalt einer Quittung über viertausend Livres, die er auf Anweisung der Herren Mitglieder der Stände, die in Pézenas zwecks Erörterung wichtiger Steuerprobleme tagten, für seine Komödianten erhalten hatte. Die Quittung belegt eindeutig, daß Molière für die Mitglieder der Stände Vorstellungen gegeben hat.

Im Frühjahr 1651 war Molière abermals in Paris, wo er von seinem Vater eintausendneunhundertfünfundsiebzig Livres lieh, nachdem er ihm überzeugend dargetan hatte, daß ihm ohne dieses Geld der Galgen drohte, da er noch Restschulden aus der Zeit des Illustren Theaters zu tilgen habe. Er zahlte seine Pariser Gläubiger aus und ging mit seiner Truppe wieder auf Reisen.

Nunmehr wurde ein sehr wichtiger Umstand deutlich: Herr Molière trat nicht nur gern in Stücken auf, sondern hatte auch selbst eine Neigung fürs Stückeschreiben. Nach der Fron des Tages schrieb er nächtens eigene dramatische Sachen. Ein wenig merkwürdig mutet an, daß Molière, der sich dem Studium der Tragödie geweiht hatte und sich dem tragischen Fach zurechnete, nach der unglückseligen ›Thebaïde‹« nicht weitere Tragödien verfaßte, sondern lustige, übermütige Einakter, in denen er die Italiener, große Meister dieser Kunstgattung, nachahmte. Die Farcen gefielen Molières Begleitern sehr, und sie nahmen sie in ihr Repertoire auf. Den größten Erfolg beim Publikum hatte Molière selbst, der die komischen Rollen spielte, zumeist den Sganarell.

Wo hat Molière gelernt, das Komische so gut auf der Bühne wiederzugeben? Offensichtlich war in der Zeit, als das unglückselige Illustre Theater gegründet wurde, oder kurz vorher der berühmte und hochbegabte Darsteller der ständigen italienischen Maske Scaramuccia oder Scaramouche – Tiberio Fiorelli – mit einer italienischen Truppe in Paris eingetroffen. Von Kopf bis Fuß schwarz gekleidet, nur mit einem weißen Fältelkragen um den Hals, »schwarz wie die Nacht« nach einem Ausdruck von Molière, beeindruckte Scaramouche mit seinen virtuosen Einfällen und seiner brillanten Manier, den komischen und leichten italienischen Text der Possen wiederzugeben.

Der debütierende Komödiant Jean-Baptiste Poquelin suchte Scaramouche auf und bat, ihn in der Bühnenkunst zu unterweisen. Scaramouche fand sich dazu bereit. Molière erhielt seinen komödiantischen Schliff zweifellos bei Scaramouche, durch den er Geschmack an der Farce gewann.

Der Anführer der Wandertruppe spielte also in fremden Tragödien tragische Rollen, in seinen eigenen Farcen aber komische. Dabei machte er eine Beobachtung, die ihn höchlich verblüffte: In tragischen Rollen hatte er bestenfalls mäßigen Erfolg, und schlimmstenfalls fiel er durch, was leider nicht selten vorkam. Es ist traurig, aber nicht nur in Limoges wurde der arme Tragöde, der mit dem Kranz des tragischen Helden auf dem Haupt auftrat, mit Bratäpfeln beworfen! Kaum aber spielte man nach der Tragödie eine Farce, kaum hatte sich Molière umgekleidet und sich aus einem Cäsaren in Sganarell verwandelt, da drehte sich im Nu der Wind: Das Publikum brach in Gelächter aus, applaudierte, brachte Ovationen dar, und die Städter strömten zu den Vorstellungen und trugen ihr Geld in die Kasse.

Abgeschminkt und demaskiert steht Molière in der Garderobe und fragt stotternd: »Was ist das bloß für ein Volk, dreimal verflucht soll es sein! Ich verstehe das nicht. Sind die Stücke von Corneille etwa schlecht?«

»Bewahre«, wurde dem verständnislosen Direktor geantwortet, »sie sind gut.«

»Wenn es einfaches Volk wäre, würde ich's noch begreifen. Es braucht die Farce. Aber die Adligen! Unter ihnen sind doch gebildete Leute! Ich verstehe nicht, wie man über solchen Mumpitz lachen kann! Mir entlockt es nicht mal ein Lächeln!«

»Laßt nur, Herr Molière!« sagten ihm die Gefährten. »Der Mensch dürstet nach Lachen, und ein Adliger ist ebenso leicht zu erheitern wie ein einfacher Mann!«

»Ach, sie brauchen die Farce?« schrie Molière. »Nun gut! Füttern wir sie mit Possen!«

Und wieder dieselbe Geschichte: in der Tragödie ein Fiasko, in der Farce ein Erfolg.

Wie ist das zu erklären? Warum scheiterte der Tragöde, warum triumphierte der Komiker? Dafür gibt es eine einfache Erklärung. Nicht die Welt war blind, wie Molière, der sich sehend wähnte, annahm, nein, sie sah sehr gut, und blind war nur Herr Molière. Seltsam, so blieb das lange. Er war der einzige in seiner Umgebung, der nicht begriff, daß ihm gar nichts Besseres hätte widerfahren können, als Scaramouche in die Hände zu fallen, denn er war von Natur ein genialer Komiker und durchaus kein Tragöde. Madeleines zarte Andeutungen und das Drumherumgerede seiner Gefährten halfen nicht: Starrköpfig wollte das Oberhaupt der Truppe Rollen spielen, die ihm nicht lagen.

Das also war eine der Ursachen für das Scheitern des Illustren Theaters! Sie lag in Molière selbst, keineswegs im Seelsorger von St.-Sulpice. Auch nicht das Stottern war schuld, denn der leidenschaftliche Komödiant hatte durch beharrliches Üben diesen Sprachfehler ebenso wie die falsche Atemtechnik fast gänzlich zu korrigieren gewußt. Nein, es lag am völligen Fehlen tragischer Anlagen.

Doch folgen wir weiter Molières Karawane. In Südfrankreich verbreitete sich von Dorf zu Dorf, von Stadt zu Stadt das Gerücht, es sei ein Jüngling namens Molière aufgetaucht, der mit seiner Truppe vorzüglich komische Stücke spiele. An diesem Gerücht war nur das Wort Jüngling falsch. Als man von Molière zu sprechen begann, war er schon dreißig Jahre alt. Der dreißigjährige, von bitterer Erfahrung gewitzte, mit allen Wassern gewaschene Schauspieler und Dramatiker, an dessen Kraft die Truppe schon fest glaubte, näherte sich Ende 1652 der Stadt Lyon, im Gepäck auf seinem Wagen neben etlichen Farcen eine große Komödie mit dem Titel ›Der Tolpatsch oder Nichts kommt rechtzeitig‹.

Frohgemut rollte die Karawane auf Lyon zu. Die Schauspieler hatten sich herausgemacht. Sie trugen bereits gute Röcke, und ihre Wagen quollen über von Theaterzubehör und persönlicher Habe. Sie zitterten nicht mehr beim Gedanken an all das Unbekannte, das sie in Lyon erwartete. Sie wußten um die Wirkung der Molièreschen Possen, und der ›Tolpatsch‹ gefiel ihnen sehr. Sie fürchteten sich nicht, als die riesige Stadt sich im Winterdunst vor ihnen auftat.

Auf einem der Wagen fuhr, von Madeleine mit unermüdlicher Obhut und Obsorge umgeben, ein neues Wesen, das sich unweit der Stadt Nîmes dem Troß zugesellt hatte. Dieses Wesen war erst zehn Jahre alt und präsentierte sich als unschönes, aber sehr lebhaftes, gescheites und kokettes Mädelchen.

Madeleine hatte den Schauspielern erklärt, dies sei ihr Schwesterchen, das von einer Bekannten auf einem Gut bei Nîmes erzogen worden sei und das sie nunmehr zu sich genommen habe. Herr Molière liebe es auch sehr und wolle es zur Schauspielerin ausbilden, und es werde unter dem Namen Menou agieren.

Die Schauspieler staunten, daß ihre Gefährtin, die liebe Madeleine, plötzlich ein Schwesterchen hatte, klatschten eine Weile darüber, daß dieses Schwesterchen nicht in Paris, sondern in der Provinz erzogen worden war, doch sie gewöhnten sich bald an Menou, die nun zur Komödiantenfamilie gehörte.

Was den ›Tolpatsch‹ betraf, so hatten sich die Schauspieler nicht geirrt. Das Stück wurde im Januar 1653 aufgeführt und hatte bei den Lyonesern außergewöhnlichen Erfolg. Vor dem Lyoneser Ballspielsaal wäre jetzt das Pflaster des vertrauensvollen Léonard Aubry zupaß gekommen! Herr Molière hatte es infolge seiner Jugend zu eilig gehabt, als er den Nesle-Graben pflastern ließ.

Nach der Premiere strömte das Publikum in hellen Scharen zur Kasse. Es kam zu einem Zwischenfall, als zwei Adlige einander im Gedränge heftig beschimpften und hernach ein Duell austrugen. Kurzum, Molière hatte solchen Zulauf, daß die Wandertruppe eines gewissen Mitallat, die zur gleichen Zeit in der Stadt gastierte, einsehen mußte: sie hatte ausgespielt und war pleite.

Unter gräßlichen Verwünschungen auf den Grünschnabel Molière löste Mitallat seine Truppe auf, deren beste Komödianten zu Molière kamen und um ein Engagement baten.

Das war ein wertvolles Geschenk von diesem Herrn Mitallat, den Molière mit seinem ›Tolpatsch‹ aus dem Feld geschlagen hatte! Zu Molière kam Madame Catherine le Clerc du Rozet, die nach ihrem Mann de Brie hieß, und wurde sogleich als jugendliche Liebhaberin engagiert. Vom Fleck weg, denn Madame de Brie war eine vorzügliche Schauspielerin. Sie empfahl auch ihren Mann, Herrn de Brie. Der spielte Raufbolde und war kein starker Schauspieler, wurde jedoch um Catherine de Bries willen in Kauf genommen.

Des weiteren kam die blutjunge, doch schon berühmte Madame de Gorla, die einen Doppelnamen führte – Marquise-Thérèse. Sie war die Tochter eines Schaubudenkomödianten, war schon als Kind in der Schaubude aufgetreten und hatte sich bereits in jungen Jahren zu einer erstklassigen Tragödin und unnachahmlichen Tänzerin entwickelt.

Auf Molières Truppe machten Thérèses Schönheit und ihre Tänze großen Eindruck. Ihr Erfolg bei den Männern war schwindelerregend.

Für Madeleine war das Auftauchen der de Brie und der de Gorla ein schwerer Schlag. Bislang hatte sie in der Truppe keine Rivalinnen gehabt. Nun erstanden ihr in Lyon gleich zwei, beide gefährlich. Madeleine begriff, daß sie ihnen Hauptrollen abtreten mußte. So kam es auch. Mit dem Eintritt der Lyoneser Sterne wechselte Madeleine ins Soubrettenfach, die de Brie spielte Liebhaberinnen, und die weiblichen Hauptrollen in den Tragödien fielen Marquise-Thérèse zu.

Dann wurde Madeleine eine weitere Wunde geschlagen, und die war nicht minder schmerzhaft. Jean-Baptiste war der erste, den die Schönheit Thérèses in die Knie zwang. Leidenschaft erfaßte ihn, und er bemühte sich um Gegenliebe, vor den Augen Madeleines, die mit ihm alle Plagen des Wanderlebens ertragen hatte. Allein er hatte kein Glück. Die große Tänzerin und Schauspielerin wies ihn ab und ehelichte zum allgemeinen Erstaunen den dicken Duparc. Dennoch kehrte Molière nicht zu Madeleine zurück. Es kam zu einer zweiten Affäre – mit Madame de Brie, und diesmal hatte Molière Glück. Die zarte und sanftmütige de Brie, genaues Gegenteil der hochmütigen und verschlagenen Marquise-Thérèse, war lange Molières heimliche Freundin.

Als sich die Leidenschaften etwas beruhigt hatten, als die Karten neu gemischt und die nächtlichen Szenen zwischen der beleidigten Madeleine und Molière ein wenig vergessen waren, entfaltete die Truppe in Lyon und Umgebung eine umfangreiche Tätigkeit. Der ›Tolpatsch‹ wurde glorreich gespielt, und von den übrigen Stücken sei Corneilles ›Andromeda‹ erwähnt, in der zum erstenmal das Mädchen Menou auftrat – in der winzigen Rolle des Éphyre, wobei sie mit ihren wenigen Textzeilen trefflich zurechtkam.

9
Prinz Conti betritt die Szene

Während unsere Wandertruppe friedlich von Stadt zu Stadt reiste, vollzogen sich in Frankreich große Ereignisse. Der allmächtige Kardinal Richelieu und der von ihm abhängige König Ludwig XIII. lebten nicht mehr. Richelieu war bald nach dem Tode des Chevaliers Cinq-Mars Ende 1642 gestorben, im Mai 1643 hatte auch König Ludwig XIII. das Zeitliche gesegnet, und seine letzten Worte waren: »Schwer lastet mir mein Leben auf der Seele.«

Frankreich hatte einen neuen König, nur war dieser erst wenige Jahre alt.

Ludwig XIV. wurde im Oktober 1638 geboren. Kanonendonner in Paris und lodernde Rauchschalen verkündeten aller Welt die Geburt eines neuen Ludwig. Als sein Vater Ludwig XIII. starb, übernahm die Mutter des minderjährigen Königs, Anna von Österreich, die Regierung des Landes. Aber sie war nur auf dem Papier Regentin, faktischer Herrscher wurde, ähnlich wie Richelieu, der Kardinal und Erste Minister Frankreichs, der gebürtige Sizilianer Giulio Mazarini oder Jules Mazarin.

Die Geschichte schien sich wiederholen zu wollen. Der französische Hochadel, der früher gegen Kardinal Richelieu rebelliert hatte, wandte sich nunmehr gegen den neuen Minister. Die Opposition erhielt den Namen Fronde. Die Unruhen gegen die Regierung währten nahezu fünf Jahre.

Prinz Condé, le Grand Condé, war zu dieser Zeit lorbeerbekränzter Feldherr und spielte in der Fronde die führende Rolle. Mehr als einmal jedoch wechselte er aus persönlichen Interessen auf die Seite der Regierung über.

Nach fünfjährigem Kampf war Mazarin Sieger. Condés Sache war verloren, er verließ Frankreich, schlug sich auf die Seite der Spanier, und der Kardinal zog feierlich in Paris ein.

Es sei erwähnt, daß Ludwig, so klein er noch war, die Ereignisse der Frondezeit recht gut durchschaute und zeit seines Lebens deutlich die Erinnerung behielt, wie ihn der französische Adel beinahe des Throns beraubt hätte.

Condé söhnte sich ein paar Jahre später mit Mazarin aus und wurde amnestiert.

Prinz Conti, der Bruder Condés, den wir als Knaben, als Studierenden am Collège de Clermont, bereits kennengelernt haben, war in der Frondezeit ein junger Mann und bereitete sich auf eine geistliche Karriere vor. Statt aber allem Irdischen zu entsagen, folgte der unausgeglichene und leicht aufbrausende Conti seinem großen Bruder und beteiligte sich an der Fronde. Er kämpfte nicht nur in blutigen Scharmützeln mit, sondern saß sogar im Gefängnis.

Gegen Ende des Sommers 1653 kam Conti in seinem Schloß La Grange zur Ruhe. Das Schloß lag nahe der Stadt Pézenas im gesegneten Languedoc. Hier konnte der Prinz zeitweilig sogar die Pflichten eines Gouverneurs von Languedoc versehen.

In der Zeit, als er sich in seinem Schloß erholte, verließen unsere Komödianten, unberührt von dem übers Land brausenden Gewitter der Fronde, die Stadt Lyon und reisten durch das Languedoc, und es gefiel dem Schicksal, die beiden Studienkameraden von Clermont zusammenzuführen.

Im Schloß bei Conti war nämlich eine gewisse Madame de Calvimont zu Gast, eine reizende Dame, der nach allgemeiner Meinung nur eines nicht zu Gesicht stand – ihre außerordentliche Dummheit. Durch den prächtigen Park wandelnd, den das Augustgelb noch kaum berührt hatte, klagte Madame de Calvimont dem Prinzen in rührenden Worten, daß es im Schloß zu wenig Zerstreuung gebe. Der Prinz antwortete ihr all das, was man in solchen Fällen zu antworten pflegt, nämlich daß Madames Wünsche ihm Befehl seien, und rief ungesäumt seinen engsten Vertrauten zu sich, den sympathischen und kultivierten Herrn de Cosnac.

Daniel de Cosnac war über Molières Ankunft im Languedoc und über seine Erfolge unterrichtet. Unverzüglich schickte er einen Boten aus, der Befehl hatte, den Direktor der Truppe ausfindig zu machen und ihm namens Seiner Hoheit auszurichten, er möge mit seiner Truppe ins Schloß La Grange kommen.

Muß ich sagen, daß sich der alte Clermont-Zögling und jetzige Komödiant nicht lange bitten ließ? Sofort sagte er sämtliche Aufführungen ab, lud die Truppe samt Dekorationen und Zubehör auf die Wagen, und die Karawane zog zum Prinzen ins Schloß.

Zur selben Zeit jedoch näherte sich dem Schloß, von niemandem eingeladen, eine andere Wandertruppe, angeführt von dem erfahrenen Straßenscharlatan, Bader und Schauspieler Herrn Cormier, der ehedem, wie auch gewisse andere Leute, auf dem Pont-Neuf zu Paris gewirkt hatte.

Als man dem Prinzen meldete, daß eine Truppe erschienen

sei, war er aufs angenehmste überrascht, daß der Wunsch der Madame de Calvimont so märchenhaft schnell erfüllt werden konnte. Ohne auf Molière zu warten, ließ er die Truppe ins Schloß bitten.

Die Truppe machte sich im Schloß breit, und der erfahrene Cormier, der sofort erkannte, daß sein Wohlstand von der Gunst Madame de Calvimonts abhing, lag ihr zu Füßen und machte ihr sogar Geschenke.

Aber Cormier hatte sich im Schloß noch nicht in Szene setzen oder gar herausfüttern können, als man Herrn Cosnac meldete, daß der von Seiner Hoheit eingeladene Molière mit seiner Karawane eingetroffen sei. Cosnac suchte den Prinzen auf, unterrichtete ihn davon und erkundigte sich, wie der Prinz zu verfahren gedenke.

Der Prinz überlegte und sagte dann, Herr Molière könne sich als frei betrachten, da seine Vorstellungen nicht mehr benötigt würden.

»Aber Euer Hoheit«, erwiderte Cosnac erbleichend, »ich habe ihn doch eingeladen...«

»Wie Ihr seht«, antwortete der Prinz, »habe ich Cormier eingeladen, und Ihr werdet zugeben, daß es schicklicher ist, Ihr brecht Euer Wort als ich das meine.«

Mit sehr langsamen Schritten begab sich Cosnac zu Molière, um ihm die Lage zu erklären.

Vor der Auffahrt des Schlosses stand ein staubbedeckter Mann mit runden Lippen und müden Augen. Seine Kanonenstiefel waren weiß.

Vor dem Schloßtor stand eine endlos lange Karawane. Übrigens sah Cosnac weder den Ankömmling noch die Karawane genau an, denn er getraute sich nicht, den Blick zu heben.

»Ich bin Molière«, sagte der Ankömmling mit dumpfer Stimme und zog den Hut, »wir kommen auf Einladung Seiner Hoheit.«

Cosnac holte tief Luft und konnte nur mühsam die trockene Zunge bewegen, als er antwortete:

»Der Prinz ... hat angeordnet ... Herrn Molière mitzuteilen ... es ist zu einem betrüblichen Mißverständnis gekommen ... Eine andere Truppe spielt im Schloß ... Der Prinz bittet Euch ... Er läßt sagen, Ihr seid frei.«

Schweigen trat ein.

Der Ankömmling wich einen Schritt zurück, ließ kein Auge von Cosnac und bedeckte sich mit dem Hut. Als Cosnac den

Blick hob, sah er den Ankömmling erbleichen. Noch schwieg dieser.

Dann sagte er, und seine Augen drehten sich schielend einwärts: »Ich bin doch eingeladen ... Ich ...«, er wies auf die Fuhrwerke, »ich habe die Vorstellungen abgesagt, die Dekorationen verladen, bei mir sind Frauen, Schauspielerinnen.«

Cosnac schwieg.

»Ich bitte«, der Ankömmling begann zu stottern, »mir tausend Écus zu zahlen. Ich habe große Verluste gehabt, indem ich die Vorstellungen absagte und die Leute hierherbrachte.«

Cosnac wischte sich den Schweiß von der Stirn und bat den Ankömmling beschämt, auf einer Bank zu warten, bis er dem Prinzen diese Forderung überbracht habe.

Molière trat schweigend zurück, setzte sich auf die Bank und starrte zu Boden. Cosnac begab sich in die Gemächer des Prinzen.

»Er bittet, ihn für seine Aufwendung mit tausend Écus zu entschädigen«, sagte er.

»Unsinn!« antwortete der Prinz. »Er hat nichts zu verlangen. Und Euch bitte ich, mir nicht mehr von diesem Thema zu sprechen, ich bin dessen überdrüssig.«

Cosnac verließ den Prinzen, holte aus seinem eigenen Zimmer tausend Écus und brachte sie Molière. Dieser dankte und schüttete das Geld in einen Lederbeutel. Da sagte Cosnac, er bedauere außerordentlich, daß sich alles so unangenehm gefügt habe, und empfahl Molière, einer Eingebung gehorchend, in der nahen Stadt Pézenas zu verweilen und dort zu spielen. Er, Cosnac, werde den Saal und die Erlaubnis beschaffen.

Nach kurzem Überlegen willigte Molière ein. Cosnac fuhr mit der Karawane nach Pézenas, beschaffte namens des Prinzen den Saal und die Erlaubnis, und die Truppe spielte in Pézenas den ›Tolpatsch‹. Ihre Kunst machte großen Eindruck auf die Pézenaser.

Das Gerücht von dem in Pézenas nie dagewesenen Ereignis erreichte alsbald die Ohren des Gouverneurs Conti, der sogleich die ausgezeichneten Komödianten bei sich zu sehen wünschte.

Komödianten dürfen nicht nachtragend sein, und so führte der Clermont-Schüler seine Truppe schnurstracks ins Schloß. ›Der Tolpatsch‹ wurde vor dem Prinzen, seiner Suite und Madame de Calvimont gespielt. Der arme Cormier war verzweifelt. Nach dieser Aufführung konnte er nicht mehr bestehen. Seine schlecht gekleideten und künstlerisch schwachen

Komödianten durften nicht einmal davon träumen, gegen die nach den Lyoner Einnahmen prachtvoll herausgeputzten Duparc, de Brie, Madelaine und Molière aufzukommen.

Und dennoch, stellen Sie sich vor, hätte Molière beinahe Cormier weichen müssen, denn der Reiz des Schauspiels wurde von allen gewürdigt, mit Ausnahme Madame de Calvimonts. Glücklicherweise rettete Contis kluger und kultivierter Sekretär, der Dichter Sarasin, die Situation. Er zeigte sich so begeistert vom Spiel der Akteure und von ihren Kostümen und wußte seinem Herrn so dringlich einzureden, daß Molières Truppe dem Hof zur Zierde gereichen würde, daß der launische Prinz die Truppe des unglücklichen Cormier wegschickte und Molières Truppe für ständig engagieren ließ, wofür sie das Recht erhielt, sich »Hoftruppe des Prinzen Armand Bourbon de Conti« zu nennen und eine ständige Dotation zu beziehen.

Sarasins Lobreden über Molières Truppe sind teilweise dadurch zu erklären, daß er sich schon am ersten Tag in Marquise-Thérèse verliebt hatte.

Der arme Cormier zog mit seinen Komödianten davon und verwünschte Molière. Für diesen und seine Truppe brachen wahrhaft goldene Tage im Languedoc an.

Der schlaue Stotterer muß den Prinzen verzaubert haben. Eine Vorstellung folgte der anderen, und in ununterbrochenem Strom flossen Molière und den Seinen alle möglichen Annehmlichkeiten zu. Mußte man durch das Languedoc reisen, so requirierte der Prinz mit Vergnügen Gespanne für den Transport der Requisiten und der Komödianten, der Prinz gab Geld, der Prinz erwies sich in jeder Hinsicht als Gönner.

Im November 1653 reiste der Prinz über Lyon nach Paris, um Mazarins Nichte Anna Martinozzi zu heiraten. Die Hoftruppe geleitete ihn bis Lyon, wo sie Vorstellungen geben wollte. Der Prinz fuhr nach Paris und kehrte nach seiner Hochzeit mit der Martinozzi Anfang 1654 ins Languedoc zurück.

Im Dezember 1654 wurde die ordentliche Tagung der Stände in der Stadt Montpellier eröffnet. Adel und Geistlichkeit strömten herbei, um wie üblich mit den Vertretern der Zentralgewalt Finanzprobleme zu erörtern und nach Möglichkeit die Interessen der Provinz wahrzunehmen. Die Deputierten, die für die Dauer der Tagung eine hohe Vergütung erhielten, liebten diese Zeit sehr. Überhaupt pflegte das Leben im Tagungsort der Stände sehr lebendig zu sprudeln. Natürlich reiste auch Molières Truppe nach Montpellier, um für die Edelleute zu spielen.

Nur ein Mann aus der Suite des Prinzen konnte sich weder am Anblick der herausgeputzten Deputierten noch an den Vorstellungen Herrn Molières mehr erfreuen: der Sekretär des Prinzen, Herr Sarasin. Just im Dezember 1654 starb er an einem auszehrenden Fieber.

Sein Tod zog ein schmeichelhaftes Angebot Contis nach sich. Der Prinz trug Molière die Sekretärstelle des verstorbenen Sarasin an. Es kostete Molière große Mühe, in höflicher Form abzulehnen – er redete sich darauf hinaus, sich dieser Tätigkeit körperlich nicht gewachsen zu fühlen. Seine Gründe fanden Billigung, und so konnte die Truppe in Montpellier auftreten.

Molière, der den Prinzen genau studiert hatte, verfaßte gemeinsam mit Joseph Béjart ein Ballettlibretto nebst einem lustigen Divertimento. Das Ballett wurde im Dezember für den Prinzen und seine Gattin aufgeführt, wobei den größten Erfolg Herr Molière hatte, der unter schallendem Gelächter der Zuschauer im Divertimento ein Fischweib spielte.

Joseph Béjart hatte nicht nur mit den von ihm verfaßten Couplets Glück. Emsig und aufmerksam, wie er war, zog es ihn zu historischen Forschungen, und er schrieb ein ausführliches heraldisches Handbuch. Darin legte er nicht nur alle möglichen genealogischen Informationen nieder, sondern beschrieb auch die Wappen und Devisen der Barone und Prälaten, die an der Ständetagung des Languedoc 1654 teilnahmen.

Das Handbuch widmete Béjart natürlich dem Prinzen, und dieser ließ ihm von den ehrenwerten Deputierten als Belohnung eine anständige Summe zahlen, allerdings begleitet von dem versteckten Hinweis, er würde guttun, solche Handbücher nur dann abzufassen, wenn er dazu beauftragt sei.

Nachdem die Ständetagung in Montpellier beendet war, ging Molière mit seiner Truppe nach Lyon, und nun tauchte bei den Komödianten ein erstaunlicher Mann auf. Er hieß Charles Couppeau d'Assouci und war schon über fünfzig. Er wanderte mit seiner Laute in Begleitung zweier Knaben durch Frankreich, trug mit ihnen selbstverfaßte Lieder und Couplets vor und nannte sich Kaiser der Burleske. Alles Geld, das der wandernde Poet und Musikant verdiente, brachte er in Schenken und Spielhäusern durch.

Im Sommer 1655 hatte er besonderes Pech. Falschspieler hatten ihm sein letztes Geld abgegaunert und ihm nur die Laute und die beiden Knaben gelassen. In Lyon hängengeblieben, suchte er Molière auf, um ihm seine Freude über die Begegnung mit den Künstlern auszudrücken und ihnen eine kurze Anstandsvisite abzustatten. Die Visite dauerte fast zwölf Monate.

Für uns ist interessant, daß d'Assouci begeistertes Zeugnis ablegte, wie sehr der Wohlstand der Molièreschen Bruderschaft gewachsen war. In den zwei Jahren unter der Gönnerschaft des Prinzen Conti hatte sie schönes Geld verdient, die Schauspielergagen waren gestiegen und die kalten Nachtlager in Heuschobern und die demütigenden Kotaus vor den örtlichen Machthabern vergessen. Molière, seine Gefährten und Freundinnen besaßen in Lyon gute Wohnungen nebst Weinkeller, waren reich gekleidet, hatten Selbstvertrauen gewonnen und grenzenlose Gutmütigkeit in sich entdeckt.

Der Kaiser der Burleske gefiel den Komödianten und wurde einer der ihren. Zum Dank besang er sie in vortrefflichen Vers- und Prosazeilen.

»Da sagt man nun«, erzählte er an allen Straßenkreuzungen, »selbst der beste Mensch sei es nach einem Monat leid, seinen leiblichen Bruder zu ernähren. Diese Leute aber, das versichere ich euch, sind edler als alle Brüder!«

Und d'Assouci stimmte Verse an, in denen sich Compagnie auf Harmonie reimte und die eindringlich dartaten, wie er, der arme Schlucker, am Tisch der Brüder sitze und jeden Tag sieben oder acht Gänge speise. Und wie die lustigste Zeit nach dem achten Gang losginge, wenn er, der unerschöpfliche Kaiser der Burleske, vor den gefüllten Weingläsern zusammen mit Molière lustige Lieder anstimme oder Anekdoten erzähle. Kurzum, es sei eine wunderschöne Zeit in Lyon.

Versteht sich, daß d'Assouci die Komödianten begleitete, als sie im Herbst desselben Jahres 1655 nach Avignon gingen. Auf einer Barke glitt die Bruderschaft die Rhône entlang, die Sterne leuchteten ihr, und am Heck spielte d'Assouci bis tief in die Nacht auf seiner vielsaitigen Laute.

Nach einem Monat in Avignon wurden die Komödianten vom Prinzen nach Pézenas zurückgerufen, wo abermals die Stände tagten.

Am neunten November wurden die Deputierten Zeugen eines außergewöhnlichen Ereignisses. Prinz Conti hatte im Hause eines Herrn d'Alphonse Quartier genommen. Die Bischöfe der nahen Städte erschienen in vollem Ornat, begleitet von den Baronen de Villeneuve und de Lanta als Vertretern des Adels, diese in ihrem besten Staat, im Hause des Herrn d'Alphonse, um Seiner Hoheit ihre Aufwartung zu machen.

Der Prinz kam heraus, aber er begrüßte die Deputierten an der Tür und entschuldigte sich, er könne sie leider nicht empfangen, da in den Zimmern wegen einer Komödienvorstellung des Herrn Molière schreckliche Unordnung herrsche.

Es ist schwer, die Gesichter der Deputierten und insbesondere der Bischöfe zu beschreiben. Aber natürlich äußerte sich keiner von ihnen zu der Unordnung in den Zimmern. Nachdem sie Seiner Hoheit zur Eröffnung der Ständetagung die gebührenden Komplimente gemacht hatten, entfernten sie sich in tiefstem Schweigen.

In Pézenas spielte die Truppe mehrere Monate lang und empfing zum Schluß sechstausend Livres, welche die Kasse der Provinzstände von Languedoc ihr bewilligt hatte.

Molières Aufenthalt in Pézenas wies einige seltsame Züge auf. So hatte er zum Beispiel mit dem besten Barbier am Orte, dem angesehenen Maître Gély, Freundschaft geschlossen.

Das Etablissement des Maître erfreute sich in Pézenas großer Beliebtheit, besonders am Sonnabend. Ununterbrochen ging die Tür, es kamen Fleischer, Bäcker, Beamte und vielerlei sonstiges Volk. Während Maître Gélys Gehilfen die Besucher rasierten oder ihnen Zähne zogen, plauderten die wartenden Pézenaser und schnupften Tabak. Ab und zu trat ein junges Mädchen ein und erzählte errötend, sie habe von ihrem Liebsten, der bei den Soldaten sei, einen Brief bekommen. An diesem Ereignis nahm jedermann teil, auf die Bitte des leseunkundigen Mädchens wurde der Brief laut vorgelesen. Wenn er gute Nachrichten enthielt, drückte man seine Genugtuung aus, wenn es traurige Nachrichten gab, sein Mitgefühl. Kurzum, es war eine Art Klub, der sich in Maître Gélys Etablissement traf.

Diesem Maître Gély also bot Molière für die Sonnabende seine Hilfe beim Kassemachen an. Gély schob ihm entgegenkommend einen Holzsessel an die Kasse, und da saß nun Molière und nahm die Silbermünzen entgegen. Maître Gély freilich teilte jedermann unter dem Siegel der Verschwiegenheit mit, das Kassieren sei nur ein Vorwand des Direktors der Conti-Truppe, der in seinem Rock weiße Zettel bei sich führe, auf denen er insgeheim alles Interessante notiere, was in der Barbierstube geschwatzt werde. Warum der Direktor das tue, wisse er nicht.

Wie dem auch sei, der Holzsessel aus der Barbierstube landete später in einem Museum.

Während des Aufenthalts in Pézenas besuchte die Truppe von

Zeit zu Zeit benachbarte Dörfer, und im Frühling 1655 begab sie sich in die Stadt Narbonne, wo der fröhliche Troubadour d'Assouci sie schließlich verließ. Dann waren die Komödianten wieder in Lyon, ihrer ständigen Residenz, von wo aus sie in die Stadt Béziers zogen, um die dort tagenden Stände zu erheitern.

In Béziers war die Premiere von Molières neuem Werk ›Liebesverdruß‹, einem deutlich unter dem Einfluß spanischer und italienischer Autoren entstandenen Fünfakter. Das Stück war besser gelungen als ›Der Tolpatsch‹, enthielt aber komplizierte Verse und einen sehr wirren und unnatürlichen Schluß. Da jedoch die schlechten Stellen in den feinen und witzigen Szenen untergingen, hofften die Komödianten auf großen Erfolg, der auch nicht auf sich warten ließ.

Nach der Ankunft in Béziers sandte der Theaterdirektor zunächst sämtlichen Deputierten kostenlose Premierenbilletts, doch sie bereiteten ihm einen schlimmen Affront, indem sie ihm die Billets aus Geiz zurückschickten. Das hatte einen einfachen Grund. Die Deputierten wußten, daß die Truppe nach einiger Zeit um Subsidien nachsuchen würde, doch sie hatten beschlossen, keine mehr zu gewähren. Der Direktor spürte, daß er nun nicht mehr auf ein paar tausend Livres aus der Ständekasse rechnen durfte, verwünschte nach seiner Gewohnheit die Deputierten und gab eine Vorstellung für das einfache Publikum. Dieses überschüttete den ›Liebesverdruß‹, in dem Molière den Vater Albert spielte, mit Beifall.

Nachdem er das ungastliche Béziers verlassen hatte, besuchte er wieder Lyon, wo er den ›Liebesverdruß‹ mit Glanz spielte, und danach Nîmes, Orange und Avignon.

In Avignon kam es 1657 zu zwei Begegnungen. Der Direktor sah seinen alten Clermont-Freund Chapelle wieder. Die ehemaligen Hörer des Philosophen Gassendi fielen sich gerührt in die Arme. Sie gedachten des Epikureers und sprachen über seinen schrecklichen Tod: Die verfluchten Ärzte hatten ihm mit Aderlässen den Garaus gemacht.

Die zweite Begegnung spielte in Molières weiterem Leben eine wichtige Rolle. In Avignon hielt sich nach einer Italienreise der berühmte Maler Pierre Mignard auf. Nachdem er und Molière einander kennengelernt hatten, schlossen sie rasch Freundschaft, fanden großen Gefallen aneinander, und der glänzende Porträtist malte Molière in verschiedenen Posen und Kostümen.

Da der Sommer 1657 ungewöhnlich heiß war, zog die Truppe

für einige Zeit nach dem Norden, nach Dijon, und kehrte erst im Winter nach Lyon zurück. Wieder waren sie beide in Lyon, die alten Clermont-Schüler Conti und Molière, die einander längere Zeit nicht gesehen hatten.

Molière eilte freudig zum Prinzen, aber eine Begegnung fand nicht statt. Der Prinz wünschte den Direktor und seine Truppe nicht zu sehen und ließ ihr sogar den verliehenen Namen Conti wieder aberkennen. Ach, Komödianten sind nicht nur auf Rosen und Lorbeer gebettet! Der gedemütigte Theaterdirektor wartete auf Erklärungen, die auch nicht ausblieben. Es stellte sich heraus, daß während der vergangenen zwei Jahre in der Seele Seiner Hoheit das Unterste zuoberst gekehrt worden war. Der ehemalige Frondeur und spätere Theaterliebhaber war jetzt von Geistlichen umgeben und in das Studium sittlicher und religiöser Probleme vertieft.

Einer der Bischöfe, der Gabe des Wortes in hohem Maße mächtig, hatte die Theaterneigung des Prinzen ernsthaft beanstandet und ihm auseinandergesetzt, daß der Mensch, wie hoch er auch auf Erden gestellt sein möge, mehr an das Heil seiner Seele denken müsse. Darum habe er vor allem Komödiantenvorstellungen zu meiden wie das Feuer, um nicht späterhin ins ewige Feuer zu geraten. Üppig ging des Bischofs Saat in Contis Seele auf. Er machte sich die bischöflichen Belehrungen zu eigen und erklärte seinen Vertrauten, er wolle fortan die Komödianten nicht mehr sehen.

»Unbeständig sind die Großen dieser Welt«, sagte Molière zu Madeleine, »und ich möchte allen Komödianten einen Rat geben. Bist du in Gnaden, so nimm dir sofort alles, was dir gebührt. Verlier keine Zeit und schmiede das Eisen, solange es glüht. Und dann geh von selbst, warte nicht, bis man dich davonjagt! Im übrigen, Madeleine, haben wir an Wichtigeres zu denken. Ich spüre, wir müssen das Languedoc verlassen. Wir brauchen...«

Und wieder, wie vor langer Zeit in Paris nach dem Ruin des Illustren Theaters, flüsterten die einstigen Liebenden miteinander.

Aufgepaßt, Burgunder, Molière kommt!

Überhaupt herrschte im Winter 1657 allgemeine Erregung in der Truppe, es gab Getuschel unter den Schauspielern und dauernde geheime Beratungen zwischen Molière und Madeleine, dem Finanzgenie der Truppe. Madeleine verhandelte oft mit Geschäftsleuten, die Verbindungen nach Paris hatten, aber worum es ging, blieb geheim.

Zu Beginn des folgenden Jahres 1658 ging die Truppe nach Grenoble, wo sie den Karneval über spielte, dann weilte sie ein letztes Mal in Lyon, und plötzlich führte Molière sie quer durch Frankreich und ohne Aufenthalt nach Rouen. Die Karawane zog an Paris vorbei, aber Molière wandte nicht einmal den Kopf. In Rouen, wo er vor fünfzehn Jahren mit den unerfahrenen Kindern der Familie gewesen war, wollte man auf dem Jahrmarkt spielen.

Jetzt war alles ganz anders. Molière kam als sechsunddreißigjähriger erfahrener Schauspieler, als Komiker ersten Ranges, begleitet von vorzüglichen Schauspielern. Zu seiner Truppe gehörten wirkliche Stars: Madeleine Béjart, die de Brie und Thérèse Duparc. Die Truppe, die in Nantes nur mühsam die Puppen des Venezianers Ségale bezwungen hatte, zog jetzt durch Frankreich und besiegte mit tödlichem Schwert eine jede Wandertruppe, die ihr in den Weg lief. Hinter ihnen im Süden blieben Mitallat und Cormier geschlagen zurück, und im Norden wurde der auf Rouen ziehende Molière schon zitternd vom Direktor der dortigen Truppe, Philibert Gassot, Sieur du Croisy, erwartet.

Das Gerücht von Molières Ankunft verbreitete sich wie ein Lauffeuer in der Stadt. Molière mietete den Saal »Zu den Zwei Mohren« und begann mit seinen Vorstellungen. Vor allem kam es hier zu einer Begegnung zwischen Molière und dem besten französischen Dramatiker, Pierre Corneille, dessen Stücke Molière seit langem spielte. Corneille fand Molières Truppe glänzend! Es erübrigt sich hinzuzufügen, daß er sich in Thérèse Duparc verliebte.

Philibert du Croisys Truppe ging zugrunde wie die Mitallats. Der sehr sympathische Sieur du Croisy, ein erstklassiger Charakterdarsteller, tat das einzig Richtige, er suchte Molière auf, der ihn sofort in seine Truppe aufnahm.

Molière spielte im Mohrensaal, gab von Zeit zu Zeit Vorstellungen zugunsten des Waisenhauses zu Rouen und machte sich die Stadt endgültig untertan. Überdies war er während des Sommers dreimal in Paris, wovon die Truppe, mit Ausnahme Madeleines natürlich, nichts wußte.

Als er zum drittenmal aus der Hauptstadt zurückkehrte, enthüllte er der Truppe endlich seinen Plan. Es war ihm, gestützt auf schmeichelhafte Empfehlungen, gelungen, Eingang in höfische Kreise zu finden und Seiner Hoheit Philippe d'Orléans, Einzigem Bruder des regierenden Königs Ludwig XIV., vorgestellt zu werden.

In völligem Schweigen hörten die Schauspieler ihrem Direktor zu.

Molière verriet noch mehr. Der Einzige Bruder des Königs, der schon viel von der Truppe gehört habe, wolle sie unter sein Patronat nehmen und ihr vielleicht sogar seinen Namen geben.

Den Schauspielern stockte das Herz, ihre Hände zitterten, ihre Augen glühten. »Paris!« – so dröhnte es durch den Mohrensaal.

Als das Freudengeheul der Schauspieler verstummt war, gab Molière Befehl, das Gepäck zu verladen und nach Paris aufzubrechen.

An einem Herbstabend des Jahres 1658 näherten sich die Planwagen der Hauptstadt. In einem Wäldchen fiel das Oktoberlaub. Da zeigten sich in der Ferne spitzgiebelige Hausdächer und aufstrebende Kathedralen. Die schwarzen Vorstädte rückten so nahe, daß es schien, man könne sie mit der Hand berühren.

Molière ließ die Karawane halten und stieg von seinem Wagen, um sich die Füße zu vertreten. Er entfernte sich ein wenig und blickte auf die Stadt, die ihn zwölf Jahre zuvor, verarmt und mit Schande bedeckt, ausgetrieben hatte. Erinnerungsfetzen jagten ihm durch den Kopf. Für einen Moment wurde ihm bänglich zumute, und es zog ihn zurück zur warmen Rhône, er glaubte das Plätschern der Flußwellen am Heck und das Saitenspiel des Kaisers der Burleske zu hören. Alt kam er sich vor. Erschauernd dachte er daran, daß er nichts im Wagen hatte als Farcen und seine beiden ersten Komödien. Er dachte daran, daß im Hôtel de Bourgogne die besten königlichen Schauspieler wirkten, daß der große Scaramouche, sein ehemaliger Lehrer, in Paris war und daß die Stadt ein glanzvolles Ballett besaß.

Es zog ihn nach Lyon, in sein altes Winterquartier. Im Sommer müßte man ans Mittelmeer fahren ... Plötzlich schreckte ihn das Gespenst des feuchten, scheußlichen Kerkers, der ihn vor zwölf Jahren beinahe verschlungen hätte, seine Lippen bewegten sich und sprachen in die Einsamkeit: »Zurück? Ja, lieber zurück ...«

Jäh wandte er sich um, schritt zur Spitze der Karawane, sah die Schauspieler und Schauspielerinnen aus allen Wagen blicken und sagte: »Also vorwärts!«

11
Brouhaha!

In dem riesigen Garde- oder Karyatidensaal des Alten Louvre-Schlosses herrscht nach dem 20. Oktober 1658 ungewöhnlich lebhaftes Treiben. Sägen kreischen, Arbeiter hämmern unerträglich laut. Eine Bühne wird aufgebaut und dann dekoriert. Sich den Schweiß abwischend, stürmt der Maschinenmeister herein, und die Gehilfen des Regisseurs hasten umher.

Zwischen ihnen läuft aufgeregt ein Mann, schreit jemanden an, redet auf andere ein. Er schneidet unschöne Grimassen und hat sich den Rockärmel mit Farbe beschmiert. Vor lauter Aufregung sind ihm die Hände unangenehm kalt, außerdem beginnt er zu stottern, ein Umstand, der ihn jedesmal entsetzt. Bisweilen zischt er grundlos die Schauspieler an, die ihm nach seiner Meinung vor den Füßen herumtanzen und ihn beim Arbeiten stören.

Aber alles kommt in Ordnung, wie es sich gehört, und am Morgen des 24. Oktober ist die Bühne für den ›Nikomedes‹ von Pierre Corneille dekoriert.

Der Direktor führte sich in Paris als schlauer Komödiant ein. Mit dem Hut in der Hand und einem unterwürfigen Lächeln auf den dicklichen Lippen war er in die Residenz eingezogen. Mit wessen Hilfe? Unwissende glauben, Prinz Conti habe sich ins Mittel gelegt. Aber Sie und ich, wir wissen, daß der gottesfürchtige Conti nichts damit zu tun hatte. Nein! Auf dem schweren Weg zum Hofe hatte ihm Pierre Mignard geholfen, der Maler, der ihn schon in Avignon mit schwerem Blick durchschaut hatte. Mignard besaß weitreichende Verbindungen. Hauptsächlich ihm ist zu danken, daß Molière bei Hofe Zutritt zum allmächtigen Kardinal Mazarin fand, und mehr war nicht erforderlich, um die Geschäfte bestens in Gang zu bringen.

Jetzt mußte er nur noch klüglich mit dem Einzigen Bruder des Königs, dem Prinzen Philippe d'Orléans, im Gespräch bleiben.

Da war nun der riesige vergoldete Saal. Mit geneigtem Kopf, die Linke ehrerbietig an der breiten Schärpe mit dem Degengriff, stand Molière vor dem Prinzen und sagte:

»Ja, Eure Königliche Hoheit, viel Wasser ist vom Berge geflossen, seit mein Illustres Theater im Weißen Kreuz zugrunde ging. Ein naiver Name, nicht wahr? Ach, ich versichere Eure Hoheit, in diesem Theater war nichts Illustres! Übrigens waren Eure Hoheit damals erst sechs Jahre alt. Eure Hoheit waren ein Kind. Jetzt sind Eure Hoheit natürlich nicht wiederzuerkennen.«

Philippe von Frankreich, Herzog von Orléans, der Herr Einzige Bruder des Königs, ein achtzehnjähriger Jüngling, stand an einen schweren Tisch gelehnt und hörte dem Theaterdirektor höflich zu. Die Gesprächspartner studierten einander.

Das Gesicht des Theaterdirektors zeigte ein fuchsschlaues Lächeln und zerfloß in eingeübten süßlichen Falten, doch seine Augen blickten wach und aufmerksam.

Philippes Gesicht war das eines Jünglings, doch bereits von geheimer Leidenschaft berührt. Mit leicht geöffnetem Mund, wie ein staunender kleiner Junge, musterte er den Direktor. Dieser merkwürdige Mann also gehört zu der seltsamen Welt der Komödianten! Prächtig ist er gekleidet, doch es heißt, er sei mit Ochsen gereist und habe auf Viehhöfen genächtigt. Alle Vertrauten beteuern, von ihm seien einzigartige Zerstreuungen zu erwarten.

Philippe von Frankreich prüfte seine Empfindungen. Sie waren zwiespältig. Das Lächeln und die Falten im Gesicht des Komödianten wirken eigentlich sympathisch, nicht aber die Augen. Die sind düster. Sie gefallen mir nicht. Oder doch? Sie haben eine rätselhafte Anziehungskraft! Als der Theaterdirektor zu sprechen begann, fand Philippe, daß jener eine unangenehme Stimme habe und beim Sprechen auf sonderbare, bei Hofe unübliche Weise Luft hole. Nach den ersten Sätzen seines Gastes aber gefiel ihm auch die Stimme.

»Eure Königliche Hoheit erlauben mir zu spielen...«

Die schwere Tür ging auf, der Direktor trat beiseite, wie es sich gehört, das heißt, ohne seinem Gesprächspartner den Rücken zuzukehren. Offenbar ein weltgewandter Mann!

»Tretet näher!« sagte der Gast, zu Philippes Verwunderung mit völlig veränderter Stimme – streng und sogar ein bißchen anmaßend –, dann fuhr er im früheren Tonfall fort: »Darf ich Eurer Hoheit vorstellen ...« Wieder mit abgehackter Ochsenkutscherstimme: »Mademoiselle Madeleine Béjart ... Mademoiselle Duparc ... Mademoiselle de Brie ...«

Als Philippe der Frauen ansichtig wurde, nahm er nach Art seines Bruders mechanisch den Federhut ab und hörte zu. Er sah irgendwelche Frauen, blaß und wenig interessant. Dann erblickte er Männer und setzte den Hut wieder auf. Vor ihm schnaufte ein kugelrunder stupsnasiger Mann und lächelte strahlend wie die Sonne. Es war der vielversprechende Herr Duparc. Dann trat ein junger Mann hinkend auf ihn zu und verbeugte sich, lächelnd und bleich vor Lampenfieber. Noch andere kamen. Tatsächlich, dieser Fremde hat eine ganze Truppe.

Sodann verschwanden alle wieder, und der Herzog von Orléans versicherte, er freue sich sehr, liebe das Theater sehr und habe schon sehr viel gehört ... Gern werde er der Truppe sein Patronat gewähren ... Mehr noch, er sei überzeugt, der König werde nicht verfehlen zuzusehen, wie die Schauspieler des Herrn de Molière ... Er spreche den Namen doch richtig aus?

»Vollkommen richtig, Eure Königliche Hoheit!«

Ja, er sei überzeugt, Seine Majestät werde nicht verfehlen zuzusehen, wie die Schauspieler des Herrn Molière ihre Stücke spielten.

Bei diesen Worten erbleichte der Fremde und sagte: »Oh, Eure Hoheit sind zu gütig, aber ich werde mich bemühen, das Vertrauen zu rechtfertigen.«

Mit einer dritten Stimme, ungewöhnlich ernst und eindringlich, verlieh er der Hoffnung Ausdruck, daß Seine Majestät bei guter Gesundheit sei, desgleichen Ihre Majestät die Königin-Mutter.

Als Ergebnis dieses Gesprächs wird jetzt im Gardesaal die Bühne für den ›Nikomedes‹ zugerüstet.

Unruhig mustert der Mann die Dekorationen, und wieder wird ihm beklommen zumute, und er denkt an die Rhône und an den Muskatellerwein zurück. Dort ist Freiheit, dort lastet nicht solche Verantwortung auf ihm. Aber zu spät, zu spät, um zu entfliehen!

Es brennt doch nicht etwa im Alten Louvre? Nein, das sind die Tausende Kerzen in den Kronleuchtern des Gardesaals, deren Licht den starren Karyatiden Leben einzuhauchen scheint.

Herr de Molière, als Nikomedes kostümiert, stand am Vorhangguckloch und sah zu, wie sich der Saal füllte. Zu erblinden glaubte Herr de Molière! Brillanten sprühten an allen Händen und Degengriffen. Ein Wald von Federn und Spitzen, Devisen blitzten auf Husarenumhängen, die Kavaliere trugen prächtige glänzende Bänder aus dem Laden des Herrn Perdrigeon, auf den Damenhäuptern wogten phantastische Frisuren.

Der ganze Hof, die ganze Garde war zugegen.

Ganz vorn saß in seinem Sessel neben Philippe von Frankreich ein zwanzigjähriger Mann, bei dessen Anblick dem Direktor das Herz aussetzte. Dieser Mann hatte als einziger den Hut aufbehalten. Durch den Atemdunst sah Molière das hochmütige Gesicht mit den starren Augen und der launisch vorgeschobenen Unterlippe.

Weiter hinten erkannte Molière Gesichter, die ihn nicht minder erschreckten als das hochmütige, kalte Antlitz des jungen Mannes mit dem Federhut. Es waren die wohlbekannten königlichen Schauspieler des Hôtel de Bourgogne. Das habe ich nicht erwartet! dachte der Direktor ängstlich. Da sind sie, alle miteinander: Madame Deshayes, bekannt für ihr grundhäßliches Gesicht und für ihre in ganz Frankreich einmalige Wiedergabe tragischer Rollen, die Herrschaften Montfleury, Beauchâteau, Raymond, Poisson, Hauteroche, Villiers ... Da sind sie, die Burgunder, die königlichen Schauspieler!

Es klingelte, der Direktor sprang vom Vorhang zurück. Beim zweiten Klingelzeichen verstummte der Saal, der Vorhang ging auf, und von der Bühne tönten die Worte der Königin Laodike: »Mein Herr, ich gestehe Euch, es ist mir angenehm ...«

Mit fortschreitender Vorstellung wuchs der Unmut im Saal. Anfangs erlaubte sich jemand zu hüsteln, dann hustete ein zweiter, ein dritter. Theaterleute wissen, welch übles Vorzeichen das ist. Tuscheln setzte ein, man wechselte verwunderte Blicke. Was sollte denn das? Zwei Wochen lang war der Name Molière durch Paris geflogen, hatte die Stadt und den Hof in Aufruhr versetzt! Molière hinten, Molière vorn ... Habt Ihr gehört? Aus der Provinz kommt er? Großartig soll er sein! Und er schreibt selber, heißt es? Am vierundzwanzigsten wird Seine Majestät selber im Gardesaal sein. Seid Ihr eingeladen? Molière, Molière, überall Molière ... Was ist denn das, Herrschaften? Das Hôtel de Bourgogne spielt Corneille doch weit besser! Langeweile trat auf die Höflingsgesichter. Ja, ganz niedlich, diese Duparc. Was Molière betrifft ... Nein, schlecht ist er nicht, aber er trägt die Verse so komisch vor, als wäre es Prosa. Eine merkwürdige Manier, wahrhaftig!

Nicht Langeweile, sondern hämische Schadenfreude stand in den Augen eines Zuschauers, eines dicken, aufgeschwemmten Mannes. Es war Zacharie Montfleury, einer der ersten Akteure des Hôtel de Bourgogne. Neben ihm tuschelten erheitert Hauteroche und Villiers.

Als der ›Nikomedes‹ zu Ende war, erhob sich dünner Beifall.

Der junge Orléans war erschlagen. Gesenkten Blicks, mit eingezogenem Kopf hockte er im Sessel.

Da trat Herr de Molière, der mit seiner unglückseligen Leidenschaft für Tragödien beinahe seinen Aufenthalt in Paris und das ganze weitere Schicksal der großen französischen Komödie aufs Spiel gesetzt hätte, an die Rampe. Dicke Schweißtropfen standen ihm auf der Stirn. Er verbeugte sich und lächelte gewinnend. Er öffnete den Mund, er wollte reden.

Der Saal verstummte.

Herr de Molière sagte, er habe vor allem Ihren Majestäten (Anna von Österreich, die Königin-Mutter, saß im Saal) zu danken für die Güte und Herablassung, mit der sie die offenkundigen und unverzeihlichen Mängel der Aufführung verziehen hätten.

Schon wieder redet der Verfluchte mit derselben Stimme, dachte Philippe d'Orléans hoffnungslos und erwartete nur noch Unannehmlichkeiten und Blamagen. Mit Ochsen ist das Unheil nach Paris über mein Haupt gekommen ...

Herr de Molière indes fuhr fort: Nein, er gehe noch weiter, Ihre Majestäten hätten ihm seine Anmaßung verziehen.

Verflucht sollst du sein mit deinem Lächeln! dachte Orléans.

Auf die übrigen aber machte dieses Lächeln keinen unangenehmen Eindruck. Im Gegenteil, es gefiel.

Herr Molière sprach in wohlgesetzten Worten weiter. Ihn habe nur die Begierde, Ihre Majestäten zu unterhalten, nach Paris geführt, und er wisse genau, daß er und seine Schauspieler nur schwache Nachahmer der im Saal anwesenden ausgezeichneten Originale seien ...

Viele wandten den Kopf und blickten auf die burgundischen Schauspieler.

»Aber vielleicht erlauben Eure Majestät, Euch einen jener

harmlosen Scherze vorzuspielen, mit denen ich bisweilen die einfachen Leute in der Provinz unterhalten habe?«

Der hochmütige junge Mann mit dem Federbusch regte sich zum erstenmal und winkte gnädig Gewährung.

Schweißgebadet bauten Arbeiter und Schauspieler bei geschlossenem Vorhang binnen weniger Minuten die Bühne um und dekorierten sie für die Farce ›Der verliebte Doktor‹, die Herr Molière während seiner schlaflosen Nächte in der Wanderzeit verfaßt hatte.

Die stolzen und feierlichen Helden Corneilles waren von der Bühne verschwunden, und an ihre Stelle traten Gorgibus, Gros-René, Sganarell und andere Gestalten der Farce. Kaum erschien auf der Bühne der verliebte Doktor, in dem man nur mit Mühe Nikomedes wiedererkannte, wurde im Saal geschmunzelt. Bei seiner ersten Grimasse wurde gelacht. Nach der ersten Replik noch lauter. Und schon nach wenigen Minuten erschütterte donnerndes Gelächter den Saal. Man sah den hochmütigen Mann im Sessel sich zurücklehnen und schluchzend die Tränen abwischen. Plötzlich brach auch neben ihm, für ihn selbst überraschend, Philippe d'Orléans in kreischendes Gelächter aus.

Der verliebte Doktor bekam helle Augen. Das waren wohlbekannte Töne! Während er vor jeder Replik gewohnheitsmäßig eine Pause machte, um die Gelächterwogen abebben zu lassen, war ihm bewußt, daß sich im Saal der berühmte, unbeschreibliche, vom vollen Erfolg kündende Umschwung vollzog, der in seiner Truppe »brouhaha!« genannt wurde. Wohlige Kühle rann dem großen Komiker über den Nacken. Gewonnen! dachte er und steigerte sich noch mehr. Da platzten als letzte die wachhabenden Musketiere an den Saaltüren heraus, die eigentlich unter keinen Umständen lachen durften.

Die einzigen im Saal, denen das Lachen im Hals steckenblieb, waren die burgundischen Schauspieler, mit Ausnahme der Deshayes und noch eines Mannes.

Rette uns, reine Jungfrau, pochte es in Molières Kopf. Da habt ihr einen Gag und noch einen und noch einen! Rette uns, dicker Duparc!

Teufel, Teufel! Welch ein Komiker! dachte Montfleury verstört. Mit erlöschenden Augen blickte er um sich und sah neben sich Villiers die Zähne blecken. Hinter Villiers saß mit glänzenden Augen ein anderer, der einzige der Burgunder, der selbstlos mitlachte. Der ehemalige Gardeoffizier, mit Spitzen und Rüschen geschmückt, einen langen Degen zur Seite, hatte seinen vielsilbigen Adelsnamen mit einem kurzen Theaterpseudonym vertauscht – Floridor. Der hakennasige, feingesichtige Mann war ein hervorragender Tragöde und der beste Nikomedes-Darsteller von Frankreich.

Warum zum Teufel mußtest du erst den Nikomedes verpfuschen? dachte Floridor, während er sich vor Lachen bog. Wolltest du etwa mit mir wetteifern? Wozu? Wir werden uns die Bühne teilen: mir die Tragödie, dir die Komödie! Welch eine Technik! Wer kann sich mit dir messen? Vielleicht Scaramouche? Kaum...

Das Finale des ›Verliebten Doktors‹ wurde mit derartigem »brouhaha« zugedeckt, daß die Karyatiden zu wanken schienen.

Das hat uns Orléans eingebrockt! dachte Zacharie Montfleury, als die Arbeiter sich in die Seile hängten, der Vorhang zuging und die Bühne verhüllte. Mußte er diese Teufel aus der Provinz herholen!

Der Vorhang ging nieder, hob sich und ging nochmals nieder. Noch einmal, noch einmal. Molière stand an der Rampe und verbeugte sich, und der Schweiß tropfte von seiner Stirn auf die Bühnenbretter.

»Wo kommt der Mann her? Wer ist er? Und die übrigen? Der dicke Duparc? Die Dienerin? Wer hat ihnen das beigebracht! Die sind stärker als die Italiener, meine Herren! Die Grimassen dieses Molière, Euer Majestät...«

»Ich hab's ja gesagt, Euer Majestät«, sagte Philippe d'Orléans würdevoll zu Ludwig. Aber der hörte nicht auf seinen Bruder. Er wischte sich mit seinem Tuch die Augen, als beweine er einen nahestehenden Menschen.

O lieber verstorbener Großvater Cressé! Wie schade, daß du am 24. Oktober 1658 nicht im Gardesaal warst!

Man mußte den Schauspielern Seiner Hoheit, des Herzogs von Orléans, Philippes von Frankreich, den Saal im Kleinen Bourbon zur Verfügung stellen, und man mußte ihnen die Dotation bestätigen, die ihnen ausgesetzt worden war. Sie sollten abwechselnd mit der italienischen Truppe spielen. Einen Tag die Italiener, einen Tag die Franzosen. So geschehe es!

12
Im Kleinen Bourbon

> Anagramm: Élomire – Molière.
> Aller Welt so ein Affront –
> Élomire haust im Bourbon.
> *Pasquill*
> ›Élomire der Hypochonder‹, 1670

Gemäß dem königlichen Entscheid bezog Herr Molière das Kleine Bourbonen-Palais, um dort mit der italienischen Truppe brüderlich unter einem Dach zu hausen. ›Der verliebte Doktor‹ hatte dem König so gut gefallen, daß er Molières Truppe ein Jahresgehalt von tausendfünfhundert Livres aussetzte, aber mit der Bedingung, daß Herr Molière den Italienern für sein Eindringen ins Bourbon-Theater Geld bezahle. Mit den Italienern, deren Anführer sein alter Lehrer Scaramouche war, traf er Absprache, daß er ihnen die ganze Summe zahlen werde, das heißt tausendfünfhundert Livres im Jahr.

Molières Truppe erhielt den Titel »Truppe des Herrn Einzigen Bruders des Königs«, und Philippe d'Orléans setzte Molières Schauspielern unverzüglich eine Jahresgage von dreihundert Livres je Person aus. Nach Aussagen von Zeitgenossen aber erhielt keiner der Schauspieler je sein Geld. Die Ursache dafür war gewiß die, daß sich die Kasse des königlichen Bruders in beklagenswertem Zustand befand.

»Jedenfalls ist schon die Absicht des Herzogs höchst edel«, sagten die Schauspieler betrübt.

Es wurde beschlossen, daß die Schauspieler von allen Einnahmen die ihnen zustehenden Anteile erhalten sollten, Molière wurden überdies Autorengelder für seine Stücke zugebilligt.

Über die Aufführungstage kam man mit den Italienern bald überein. Molière sollte montags, mittwochs, donnerstags und samstags spielen. Als die Italiener später Paris verließen, fielen ihm auch die Sonntage, Dienstage und Freitage zu.

Das Kleine Bourbonen-Palais lag zwischen der Kirche St.-Germain l'Auxerrois und dem Alten Louvre. Über seinem Haupteingang stand die Inschrift »Espérance«, doch das Palais selbst war ziemlich ramponiert, die Wappen und Verzierungen waren beschädigt oder zerschlagen, denn die Unruhen der letzten Jahre hatten das Gebäude nicht verschont. Es gab im

Bourbon einen verhältnismäßig großen Theatersaal mit Seitengalerien und dorischen Säulen, zwischen denen Logen lagen. Die Decke des Saals war mit den bourbonischen Lilien bemalt, über der Bühne brannten kreuzförmige Lüster, und an den Saalwänden waren metallene Leuchter angebracht.

Der Saal hatte eine bewegte Vergangenheit. 1614 hatten darin die letzten Generalstände getagt (die von Ludwig XVI. 175 Jahre später einberufenen nicht mitgerechnet). In diesem Saal hatte der Pariser Kaufleuteobmann und Vorsitzende des Dritten Standes den König gebeten, »das arme Volk, dem nur noch Haut und Knochen geblieben sind«, zu retten. Nachdem 1615 das königliche Ballett im Saal getanzt hatte, wurde er für Theatervorstellungen bestimmt, und es waren zumeist Italiener, die hier ihre Stücke aufführten. Aber auch Franzosen spielten hier. In der Frondezeit war das Theaterleben im Bourbon unterbrochen, denn im Saal wurden arretierte, wegen Majestätsbeleidigung angeklagte Staatsverbrecher festgehalten. Sie waren es, die den Saalschmuck verdorben hatten.

Nach der Fronde wurde im Bourbon Pierre Corneilles ›Andromeda‹ mit komplizierter Maschinerie und Musikbegleitung aufgeführt. Die Musik stammte übrigens von unserem alten Bekannten d'Assouci, der später behauptete, erst er habe Corneilles Versen Leben eingehaucht.

Zuletzt wurde der Saal Scaramouches Italienern zugewiesen, die sich in Paris großer Beliebtheit erfreuten. Nicht nur, daß sie gut spielten – ihr erstklassiger Maschinenmeister und Dekorationsmaler Torelli stattete die Bühne auch wunderbar aus, so daß die Italiener in ihren Märchenspielen wahre Wunder vollbringen konnten.

Der Theaterfeuilletonist jener Zeit, Jean Loret, kleidete seine Begeisterung für die italienische Ausstattung in schlechte Verse:

> Fliegend hoch über der Bühne,
> Schreckt ein gräßlicher Dämon,
> Von Paris bis hin nach China
> Nie geschaute Attraktion!

Die Italiener besaßen überdies ein vortreffliches Ballett, welches Loret gleichfalls bedichtete:

> Doch man sage, was man wolle:
> Auf der Welt ist nichts so nett
> Wie der großen Italiener
> Herrlich tanzendes Ballett!

Dieser starken Truppe also wurden Molière und seine Komödianten zugesellt.

Jean-Baptiste, der im Oktober nach Paris gekommen war, betrat das Haus seines Vaters und schloß den alten Mann zärtlich in die Arme. Dieser begriff nicht ganz, wie sein ältester Sohn, der seinen Titel ausgeschlagen und die Innung verlassen hatte, um sich der Komödiantenkunst zu weihen, im Leben zu solch erstaunlichem Erfolg gelangen konnte. Aber der funkelnde Degen, die teure Kleidung und der Direktorposten in der Truppe des Königsbruders beeindruckten den Alten und söhnten ihn aus.

Nachdem Molière reichlich Bouillon getrunken und sich im väterlichen Hause von der Erschütterung des 24. Oktober erholt hatte, richtete er sich in Paris häuslich ein und begann mit den Proben im Petit-Bourbon.

Am 2. November 1658 eröffnete Molière seine Vorstellungen im Petit-Bourbon, wiederum nicht mit einer Komödie, sondern mit Corneilles Tragödie ›Heraklius‹. Sie wurde vor zahlreichem Publikum leidlich gespielt, bewirkte jedoch in Paris allgemeines Achselzucken. Einige versicherten, die Truppe »dieses ... wie heißt er gleich ... Molière« spiele hervorragend, und ahmten dabei das Gelächter des Königs nach. Es waren die, welche im Gardesaal den ›Verliebten Doktor‹ gesehen hatten. Andere sagten, Molières Truppe spiele recht mittelmäßig, und es sei ihnen unbegreiflich, warum man ihr mit soviel Trara das Kleine Bourbon gegeben hatte. Es waren die, welche den ›Heraklius‹ gesehen hatten.

Das Brodeln der Gemüter hatte zur Folge, daß die Zuschauer nur so ins Bourbon strömten. Alle wollten mit eigenen Augen sehen, was dieser Neuling Molière für eine Figur sei. Äie Zuschauerwoge rollte zum ›Nikomedes‹ und zum ›Verliebten Doktor‹, und eine neue Partie begeisterter Augenzeugen verstreute sich über Paris. Über den ›Nikomedes‹ wurde wenig gesprochen, dafür schwärmte man von der Schönheit der Mademoiselle Duparc und von »diesem urkomischen Molière« und seiner fabelhaften Farce.

Die nächsten Zuschauerpartien hatten Pech. Molière führte konsequent Corneilles Stücke ›Rodogune‹, ›Pompejus‹ und ›Cid‹ auf. Die Zuschauer meuterten, und es war ein großes Glück, daß ein jähzorniger Pariser, der während der langweiligen ›Pompejus‹-Vorstellung im Parkett stand, dem Herrn Molière, der den Cäsar verkörperte, einen Apfel an den Kopf warf. Diese

73

freche Tat hatte zur Folge, daß dem Direktor ein Licht aufging und er den ›Tolpatsch‹ ansagte. Der Wind drehte sich, der Erfolg war vollkommen.

Hier taucht nun noch einmal die wichtige Frage auf, warum Molière mit den Tragödien solchen Schiffbruch erlitt. Das heißt: Spielten die Burgunder die Tragödien gut, oder spielte Molière sie schlecht? Weder noch. Molière spielte die Tragödien ganz anders als üblich. Unter den Burgundern waren wie in jedem Theater hervorragende Schauspieler wie Madame Deshayes und Herr Floridor, aber auch mittelmäßige und schlechte. Sie alle vertraten die Schule jenes Bellerose, für den sich schon Großvater Cressé begeistert hatte, von dem aber ein Pariser mit feinem Geschmack folgende Charakteristik gab: »Hol's der Teufel, wenn er spielt, hat man den Eindruck, er versteht kein Wort von dem, was er sagt!«

Das ist natürlich übertrieben. Aber man darf dennoch annehmen, daß Bellerose ein unechter Schauspieler war, der auf der Bühne nicht innerlich mitlebte.

Der dicke und krankhaft mißgünstige Zacharie Montfleury war sehr bekannt in Paris, doch der Epikureer Cyrano de Bergerac sagte von ihm: »Er hält sich für groß, weil man's an einem Tag nicht schafft, ihn mit Stöcken durchzuprügeln.«

Überhaupt weckte Montfleury in dem scharfsinnigen und feinen Bühnenkenner Bergerac derartigen Haß, daß dieser sich eines Tages in betrunkenem Zustand die Ungeheuerlichkeit erlaubte, Montfleury im Theater mit Schmähreden zu überhäufen und von der Bühne zu jagen. Diese Tat des Herrn Bergerac, Dramatikers und Gassendi-Schülers, ist schandbar, denn einen Komödianten zu beleidigen war dazumal nicht schwer und kein sonderlicher Mutbeweis. Aber sie zeigt, daß feinfühligen Neuerern die schwere, altertümliche Art, heulend zu deklamieren, unerträglich geworden war. In dieser Manier spielten alle Burgunder, einige gut, andere schlecht.

Molière hingegen hatte schon mit seinen ersten Schritten im Illustren Theater eine Schule für die natürliche und innerlich getreue Wiedergabe des dramatischen Theaters auf der Bühne schaffen wollen. In dieser Manier arbeitete er seit eh und je und brachte sie auch seinen Komödianten bei.

Worum geht es also? Man sollte denken, daß Molière siegen und sein System die Herzen der Zuschauer gewinnen mußte. Leider war es nicht so. Molière wendete sein System vor allem auf die Tragödie an, doch für tragische Rollen hatte er keine

Anlagen, weder das Temperament noch die Stimme. Er wußte zwar genau, wie man eine Tragödie spielen mußte, spielte sie aber schlecht. Was seine Gefährten betrifft, so hatten viele von ihnen gute Begabung für die Tragödie, aber sein System war noch zu jung, als daß es das Publikum sogleich hätte einnehmen können.

Wenn die Burgunder mit ihren sonoren Stimmen unter niedergehendem Vorhang die Schlußsätze pseudoklassischer Monologe hinausbrüllten (wobei sich Montfleury besonders auszeichnete), war Paris hingerissen. Die Pariser von damals wollten kraftstrotzende Helden im Harnisch sehen, stimmgewaltige Helden und nicht solch bescheidene Menschen, wie sie selbst es waren. Darum also scheiterte Molières Theater an der Tragödie.

Nach dem ›Tolpatsch‹ lief im Bourbon das Stück ›Liebesverdruß‹, ebenfalls mit großem Erfolg. Philibert du Croisy, der in die Truppe eingetreten war, trug mit seiner Darstellung des komischen Gelehrten Metaphrast wesentlich zu diesem Erfolg bei.

Nach dem ›Liebesverdruß‹ spürte die italienische Truppe, wie gefährlich die Nachbarschaft mit dem Franzosen Molière war. Das hauptstädtische Publikum, gewohnt, nur die italienischen Tage im Bourbon zu besuchen, strömte jetzt herbei, wenn Molière spielte. Goldene Pistolen flossen in die Kasse der ehemaligen Wanderschauspieler, die jetzt wohletablierte Komödianten des Prinzen von Orléans waren. Ihre Einkünfte nahmen zu, und Molière war in ganz Paris Tagesgespräch.

Wovon sprach man in erster Linie? Davon, daß der Dramatiker Molière ungescheut die Werke italienischer Autoren benutze, um Anleihen zu tätigen. Mit der Zeit kam es in Mode, auf solche Diebstähle Molières hinzuweisen, und das wuchs sich so aus, daß man, wenn man es nicht mit Sicherheit sagen konnte, welche Stellen abgeschrieben waren, versicherte, er habe »offensichtlich« abgeschrieben. Gab es keinen direkten Anlaß, so wurde geredet, er »könne« da oder dort abgeschrieben haben. Zu guter Letzt schrieb man ihm sogar den dreisten Satz zu: »Ich nehme mir meine Habe, wo ich sie finde!«, obwohl er nie das, sondern etwas ganz anderes gesagt hat: »Ich gebe meine Habe zurück...«, eine Anspielung auf die Anleihen, die andere bei ihm tätigten.

Tatsächlich übernahm der nicht nur mit der klassischen, sondern auch mit der italienischen und spanischen Dramatik wohlvertraute Molière nicht selten von seinen Vorgängern Stoffe, einzelne Personen und manchmal auch ganze Szenen. Ist diese seltsame Methode zu verurteilen? Ich weiß es nicht. Ich kann aber sagen, daß alle von Molière getätigten Anleihen nach allgemeiner Meinung in seiner Bearbeitung viel besser waren als die Originale. So schrieben die Kritiker über den ›Liebesverdruß‹, Molière habe den Grundinhalt dieses Stücks der Komödie ›Das Interesse‹ entnommen, die der Italiener Niccolà Secchi etwa fünfundsiebzig Jahre vor ihm verfaßt hatte. Auch bei einem anderen italienischen Stück, ›Pech in der Liebe‹, könne er Anleihen gemacht haben. Überdies sei möglicherweise eine Idee aus einem Werk des Klassikers Horaz verwendet worden. Endlich ließe sich vermuten, daß dies und jenes aus dem ›Hund des Gärtners‹ von dem berühmten spanischen Dramatiker Lope Felix de Vega Carpio stamme, der gestorben war, als der Knabe Molière noch im väterlichen Laden saß. Was de Vega betreffe, so sei es kein Kunststück, bei ihm Anleihen zu machen, denn er habe etwa tausendachthundert Stücke geschrieben und sei nicht umsonst Phönix von Spanien oder Naturwunder genannt worden.

Kurz und gut, Sie sehen, mein Held hat sehr viel gelesen, auch spanisch.

Der auf fremder Grundlage geschriebene ›Liebesverdruß‹ hatte also einen Riesenerfolg, riß die Pariser zu Beifallsstürmen hin und erregte nachhaltigen Verdruß beim Burgundischen Theater.

Das Jahr 1659 brachte vielerlei Ereignisse, hauptsächlich Veränderungen in der Truppe. Zu Ostern erschien bei Molière ein junger Mann, der sich höflich als Charles Varlet Sieur de la Grange vorstellte und bat, ihn in die Truppe aufzunehmen. Der junge Mann, dessen männlich ernstes Gesicht ein spitzer Schnurrbart zierte, war vom Fach her erster Liebhaber. Molière fand großen Gefallen an ihm und engagierte ihn auf der Stelle, was vom Gesichtspunkt derer, die in den folgenden Jahrhunderten das Leben meines Helden studierten, außerordentlich richtig gehandelt war.

Sieur de la Grange legte sich nämlich sogleich ein dickes Heft zu, nannte es »Register« und schrieb täglich hinein, was in Molières Truppe vor sich ging: Tod und Heirat von Schauspielern, Abgänge und Neuzugänge, die Zahl der Aufführungen, die Titel der Stücke, Geldeinnahmen und Sonstiges. Ohne dieses wertvolle »Register«, das la Grange überdies mit symbolischen Zeichnungen schmückte, wüßten wir von unserm Helden noch weniger, als wir jetzt wissen, genauer gesagt, fast nichts.

La Grange trat also in die Truppe ein, doch dafür verließ Dufresne die Hauptstadt und fuhr zurück in seine Heimat, die Normandie. Das Marais-Theater bot den Duparcs eine Stellung an, und die beiden gingen infolge eines Zerwürfnisses mit Molière. Das war ein großer Verlust. Ein Trost war nur, daß der berühmte Komiker des Marais-Theaters und des Hôtel de Bourgogne, Julien Bedeau, nach der komischen Figur in Scarrons Stücken Jodelet genannt, in Molières Truppe eintrat und sie vortrefflich ergänzte. Leider nicht für lange – er starb im darauffolgenden Jahr. Mit ihm war Sieur de l'Espy, Jodelets Bruder, vom Marais-Theater zur Molière-Truppe gestoßen und spielte die komischen Alten, die in den Possen zumeist Gorgibus genannt wurden.

Endlich sei ein trauriges Ereignis Ende Mai 1659 erwähnt: Der erste Kampfgefährte Molières, eines der Kinder der Familie, der Liebhaber Joseph Béjart, der bis an sein Lebensende gestottert hatte, starb. Die gesamte Truppe geleitete ihn zum Friedhof, und für das Theater wurde eine mehrtägige Trauer verkündet.

In angespannter Arbeit, in Aufregungen und Scherereien, unter wechselnden Erfolgen und Kümmernissen ging das Jahr 1659 hin, an dessen Ende ein bedeutsames Ereignis eintrat.

13
Der blamierte blaue Salon

> »Es ist ein Lakai da, der fragt, ob Sie zu Hause sind. Er sagt, sein Herr wolle Sie besuchen.
> Wann wirst du lernen, dich weniger alltäglich auszudrücken? Es heißt: Ein Dienstbeflissener wünscht in sich aufzunehmen, ob es Ihnen behagt, gesehen zu werden.«
> ›Die lächerlichen Preziösen‹

Hätten Sie einen mondänen Pariser aus der ersten Hälfte des siebzehnten Jahrhunderts nach dem angenehmsten Winkel von

Paris gefragt, so würde er ohne Zögern den blauen Salon der Madame de Rambouillet genannt haben.

Die Tochter des französischen Gesandten in Rom, eine geborene de Vivonne, Marquise de Rambouillet, war ein höchst subtiles Wesen, und das schon seit ihrer Kindheit (es gibt mitunter solche Naturen!). Nachdem sie geheiratet und sich in Paris niedergelassen hatte, fand sie nicht zu Unrecht die Pariser Gesellschaft ein wenig ungehobelt. Darum beschloß sie, sich mit den Besten der Hauptstadt zu umgeben, und sammelte in ihrem Hotel die Blüte der Gesellschaft um sich. Für ihre Empfänge benutzte sie eine Zimmerflucht, und den größten Ruhm genoß der mit blauem Samt ausgeschlagene Salon.

Nichts auf der Welt liebte Madame de Rambouillet mehr als die Literatur, deshalb wurde auch ihr Salon vorwiegend in literarischer Richtung geführt. Dem Salon strömte jedoch ein recht bunt gemischtes Volk zu. In seinem Sessel brillierte Jean-Louis Balzac, ein mondäner Schriftsteller, und der resignierte Denker Herzog La Rochefoucauld suchte Madame de Rambouillet griesgrämig zu überzeugen, daß unsere Tugenden nichts weiter seien als versteckte Laster. Getröstet wurde das Salonpublikum, dem der finstere Herzog die Laune verdarb, von dem quicklebendigen Witzbold Vincent Voiture; die Herren Cotin, Chapelain, Gilles Ménage und viele andere entfachten hochinteressante Dispute.

Sobald sich herumgesprochen hatte, daß sich die besten Köpfe von Paris bei der Marquise trafen, kamen abendliche Spaßvögel, Premierenbesucher, dilettierende Autoren, Musengönner, Verfasser von Liebesmadrigalen und zärtlichen Sonetten in den Salon, die Knie mit Spitzenmanschetten geschmückt, und sie waren der Marquise lieb und wert. Ihnen folgten höchst diesseitige Abbés und, wie sich denken läßt, ein Kranz von Damen.

Es kam Bossuet, der späterhin dadurch berühmt wurde, daß es in Frankreich kaum einen berühmten Toten gab, an dessen Grab er nicht eine gefühlvolle Predigt gehalten hätte. Die erste seiner Predigten (die freilich keinem Toten galt), hatte Bossuet im Salon Rambouillet als sechzehnjähriger Jüngling gehalten.

Bossuet redete bis spät in die Nacht, und nachdem er alles dargelegt hatte, was in seinem Kopf angehäuft war, fand Voiture Anlaß zu den Worten:

»Mein Herr, ich habe noch nie zugleich so früh und so spät predigen hören.«

Die Besucherinnen der Marquise führten sehr bald die Mode

ein, sich beim Begrüßungskuß mit »Meine Preziöse« anzureden. Das Wörtchen »Preziöse« gefiel in Paris sehr und wurde zum Spitznamen der Damen, die den Salon Rambouillet zierten.

Laut erschallten die Verse zu Ehren der preziösen Marquise, von den Dichtern »bezaubernde Arthenice« genannt, ein Anagramm auf den Namen Catherine. Zu Ehren der im Salon ihrer Mutter glänzenden jungen Julie Rambouillet verfaßten die Poeten einen ganzen Kranz von Madrigalen. Den Madrigalen folgten Witzworte, die vor allem von den Marquis fabriziert wurden. Sie waren so kompliziert, daß sie langer Erläuterungen bedurften. Außerhalb des Salons befanden sich allerdings Ausgeschlossene, die diese Witzworte schlicht für blöd und ihre Autoren für grenzenlos unbegabt erklärten.

Das alles wäre halb so schlimm, hätte sich nicht Catherine Rambouillet mitsamt ihren Mitstreitern der großen Literatur zugewandt. Im blauen Salon wurden neue Werke vorgelesen und erörtert. Daraus bildete sich natürlich eine Meinung, und diese Meinung wurde in Paris obligatorisch.

Je länger das währte, desto höher stieg die Subtilität, die im Salon geäußerten Gedanken wurden immer rätselhafter und die Formen, in die sie gekleidet waren, immer bizarrer.

Ein gewöhnlicher Spiegel, in dem sich die Preziösen beschauten, wurde in ihrer Sprache zu einem »Ratgeber der Grazien«. Auf die Liebenswürdigkeiten eines Marquis pflegte die Dame von Welt zu antworten:

»Marquis, Ihr heizt den Kamin der Freundschaft mit dem Holz der Liebenswürdigkeit.«

Als wahre Prophetin des Salons Rambouillet und anderer Salons, die von Nachahmerinnen unterhalten wurden, galt die Schwester des Dramatikers Georges de Scudéry. Dieser war erstens dafür berühmt, daß er sich nicht schlechthin für einen Dramatiker, sondern für den ersten Dramatiker Frankreichs hielt. Zweitens sagte man ihm nach, er besitze nicht ein Körnchen dramatisches Talent. Drittens hatte er viel Staub aufgewirbelt, als er beim Erscheinen des ›Cid‹, des berühmtesten aller Stücke Corneilles, aus Leibeskräften zu beweisen versuchte, das Stück sei unmoralisch, ja, überhaupt kein Stück, da nicht nach den aristotelischen Gesetzen geschrieben, das heißt, ihm fehle die Einheit von Ort, Zeit und Handlung. Scudéry fand damit allerdings keinen Anklang, denn es wird schwerlich jemandem (selbst wenn er Aristoteles bemüht) gelingen nachzuweisen, daß ein erfolgreiches, in guten Versen geschriebenes, interessant aufgebautes Werk mit gut gezeichneten Rollen kein Theaterstück wäre. Und es ist kein Zufall, daß mein Held, der Parvenu, Tapezierer und königliche Kammerdiener, später Aufsehen erregte mit der Behauptung, alle diese aristotelischen Regeln seien blühender Unsinn, und es gebe nur eine einzige Regel – man müsse die Stücke mit Talent schreiben.

Dieser mißgünstige Scudéry also hatte eine Schwester namens Madeleine. Anfangs war sie Gast im Salon Rambouillet, dann gründete sie einen eigenen Salon und verfaßte, schon im reifen Alter, einen Roman mit dem Titel ›Clelia (Römische Geschichte)‹. Die römische Geschichte hatte damit freilich nichts zu tun. Nur waren angesehene Pariser als Römer dargestellt. Es war ein galanter, unredlicher und in höchstem Maße schwülstiger Roman. Die Pariser verschlangen ihn, und für die Damen wurde er zum Lieblingsbuch, zumal dem ersten Band eine entzückende allegorische Karte von Amors Königreich beigegeben war, auf der man den Fluß Zuneigung, den See Gleichgültigkeit, das Dorf Liebesbriefe und ähnliches dieser Art eingezeichnet fand.

Eine Riesenfuhre Unsinn wurde in die französische Literatur gekarrt, und die preziösen Köpfe steckten voll von dummem Zeug. Madeleine Scudérys Nachfolgerinnen verschandelten vollends die Sprache und attackierten sogar die Rechtschreibung. In einem Damenkopf reifte ein kühner Plan: Um die Rechtschreibung auch für Frauen, die ja stets bedeutend hinter den Männern zurückblieben, faßlich zu machen, sollten die Wörter so geschrieben werden, wie man sie aussprach. Aber die vor Bewunderung aufgesperrten Münder waren noch nicht wieder zugeklappt, als über die Preziösen das Unheil hereinbrach.

Im November 1659 verbreitete sich das Gerücht, Herr de Molière bringe im Bourbon eine selbstverfaßte einaktige Komödie heraus. Ihr Titel interessierte das Publikum sehr – ›Die lächerlichen Preziösen‹. Am 18. November zeigte Molière sein neues Werk zusammen mit Corneilles ›Cinna‹.

Von den ersten Worten an war das Parterre freudig bei der Sache. Vom 5. Auftritt an rissen die Damen in den Logen die Augen auf (wir zählen die Auftritte nach der Textfassung, die auf unsere Tage überkommen ist). Im 8. Auftritt gerieten die Marquis, die nach damaligem Brauch rechts und links auf der Bühne saßen, in Bestürzung, und das Parterre lachte und lachte, bis das Stück zu Ende war.

Sein Inhalt ist folgender. Zwei dumme Fräuleins, Madelon

und Cathos, haben zuviel Scudéry gelesen und vergraulen zwei Freier mit der Begründung, sie seien nicht subtil genug. Die Freier rächen sich. Sie staffieren ihre Diener als Marquis heraus, und die durchtriebenen Burschen erscheinen bei den dummen Fräuleins. Diese nehmen die beiden Gauner mit offenen Armen auf. Der freche Mascarille schwatzt den Fräuleins eine geschlagene Stunde lang allen möglichen Humbug vor, und der zweite Gauner, der Diener Jodelet, erzählt erlogene Geschichten über seine kriegerischen Heldentaten. Mascarille hat die Stirn, ein Gedicht aus eigener Feder nicht nur vorzutragen, sondern sogar vorzusingen:

> O, o, fürwahr, ich gab nicht acht,
> Indes ich arglos dich betracht,
> Stiehlt flugs dein Auge meine Liebe.
> Diebe, Diebe, Diebe, Diebe!

»Diebe! Diebe!« heult der Diener unterm Gebrüll des Publikums.

Als blamiert erwiesen sich die Karte von Amors Königreich, die Salons, in denen derartige Verse verfaßt wurden, sowie die Autoren und Besucher der Salons, die sich freilich nicht einmal beklagen konnten, weil die Gauner ja nicht wirkliche Marquis waren, sondern nur als Marquis ausstaffierte Diener.

Auf der Bühne lief eine Farce, ebenso frech wie fröhlich und keineswegs harmlos. Es war ein faustdicker Spott auf die Sitten und Gebräuche des damaligen Paris, und die Anhänger dieser Sitten und die Schöpfer dieser Gebräuche saßen in den Logen und auf der Bühne. Das johlende Parterre konnte mit Fingern auf sie zeigen. Es erkannte die Salonherrchen, mit denen der ehemalige Tapezierer coram publico seinen Spott trieb. In den Logen wurde unruhig getuschelt, und durchs Publikum lief das Gerücht, mit Cathos sei zweifellos Catherine Rambouillet und mit Madelon Madeleine Scudéry gemeint.

Die Marquis auf der Bühne liefen puterrot an. Träger brachten Molière herein, der den Mascarille spielte. Seine Perücke war so lang, daß sie bei jeder Verbeugung auf der Bühne schleifte, auf seinem Kopf saß ein lächerlich winziges Hütchen. Die Hose war an den Knien mit riesigen Spitzenbüscheln verziert. Der falsche Marquis Jodelet wurde vom alten Jodelet gespielt, die beiden Komiker Molière und Jodelet überschlugen sich förmlich und amüsierten das Publikum mit einem Feuerwerk von zweideutigen Späßen. Die übrigen Akteure, darunter Mademoiselle de Brie als Madelon, die Tochter des Gorgibus, standen ihnen nicht nach.

Da, ergötzt euch, solche charmanten Marquis und preziösen Fräuleins gibt's bei uns! Aber erlaubt, das sind doch Diener? Natürlich, Diener! Aber wo haben sie die Manieren her? Dieser Spott! Dieser Spott! Jede Kostümschleife, jeder Vers, die Affektiertheit, die Falschheit, die grobe Behandlung der Diener – der reinste Spott!

Als Molière durch die Augenschlitze seiner Maske einen Blick ins Publikum warf, erblickte er in einer Loge die ehrenwerte Madame Rambouillet an der Spitze ihres Gefolges. Die alte Dame, das konnte jedermann sehen, war grün vor Zorn, sie hatte das Stück genau verstanden. Und nicht nur sie! Ein alter Mann im Parterre rief mitten in der Handlung:

»Bravo, Molière! Das ist eine wirkliche Komödie!«

Die Bombe war so dicht vor den Reihen der Preziösen geplatzt, daß Panik ausbrach. Als erster verließ einer der treuesten Anhänger und Bannerträger die Rambouilletsche Heerschar und warf das ihm anvertraute Banner in den Schmutz. Dieser Deserteur war niemand anders als der Poet Gilles Ménage.

Als er nach der Vorstellung den Saal verließ, nahm er Herrn Chapelain am Arm und raunte: »Mein Lieber, wir müssen all das verbrennen, dem wir bislang gehuldigt haben. Gestehen wir ein, daß wir uns in den Salons mit purem Blödsinn befaßt haben!«

Herr Ménage fügte hinzu, das Stück sei seiner Meinung nach sehr bissig und sehr stark, und er habe vorausgesehen...

Was Ménage vorausgesehen hatte, wissen wir nicht, denn seine weiteren Worte gingen im Geratter der anrollenden Kutschen unter.

Das Theater erlosch. In den Straßen war es stockdunkel. Molière, in seinen Mantel gewickelt, eine Laterne in der Hand, hüstelnd infolge des feuchten Novemberwetters, eilte zu Madeleine. Ihn lockte das Feuer im Herd, noch mehr aber lockte ihn Madeleines Schwester und Zögling Armande Béjart, jene Menou, die vor sechs Jahren in Lyon den Éphyre gespielt hatte. Inzwischen war aus ihr ein sechzehnjähriges Mädchen geworden. Molière eilte, sie zu sehen, aber schmerzlich verzog er das Gesicht, wenn er an Madeleines Augen dachte. Unangenehm blickten diese Augen, wenn er mit der koketten und zappeligen Armande ins Gespräch kam.

Madeleine hatte ihm alles verziehen: sowohl die Lyoner Affäre mit der Duparc als auch sein Verhältnis mit Madame de Brie, aber jetzt war der Teufel in sie gefahren!

Durch die Novemberdunkelheit, durch den feuchtklammen Nebel am Kai eilt die Laterne. Herr Molière, wir sind unter uns, sagen Sie's uns ins Ohr, wie alt sind Sie? Achtunddreißig? Und sie ist sechzehn? Außerdem, wer waren ihre Eltern? Sind Sie sicher, daß sie Madeleines Schwester ist?

Er will nicht antworten. Vielleicht weiß er's auch nicht. Lassen wir also das Thema. Reden wir von etwas anderem. Zum Beispiel von dem Fehler, den Molière mit seinem Seitenhieb auf die burgundischen Schauspieler beging.

»Welcher Truppe wollen Sie Ihre Komödie geben?

Das ist eine Frage! Selbstverständlich der vom Hôtel de Bourgogne. Die allein kann ein Stück richtig herausbringen.«

Herr Molière hätte die Burgunder nicht attackieren sollen. Verständige Leute wissen, daß er Schöpfer und Vertreter einer anderen Schule und Montfleury keineswegs ein so miserabler Schauspieler war, wie Bergerac behauptete. Die Burgunder und Molière gingen verschiedene Wege, und es stand ihm nicht an, sie anzugreifen, zumal solche Ausfälle wie in den ›Preziösen‹ nichts bewiesen. Und sich mit aller Welt zu verfeinden ist gefährlich!

14
Wer den Wind sät

Am folgenden Tag erhielt Molière von den Pariser Behörden eine offizielle Benachrichtigung, daß sein Stück ›Die lächerlichen Preziösen‹ für weitere Aufführungen verboten sei.

»Diese Henker!« murmelte Herr de Molière und ließ sich in einen Sessel sinken. »Wer konnte das bewerkstelligen?«

Ja, wer konnte das bewerkstelligen? Wir wissen es nicht. Es hieß, ein angesehener und einflußreicher Besucher der Salons habe das Verbot durchgesetzt. Wie dem auch sei, die Preziösen hatten Molières Attacke mit einem machtvollen Gegenschlag beantwortet.

Nachdem sich Molière etwas beruhigt hatte, überlegte er, was zu tun sei und wen er aufsuchen solle, um das Stück zu retten. Nur eine Person gab es in Frankreich, die ihm helfen konnte. Nur bei dieser Person würde er Schutz gegen die Schikane finden, aber wie zum Tort war diese Person zur Zeit nicht in Paris.

Mein Held entschloß sich, sein Stück zur Durchsicht an diese Person zu schicken. Und schon formulierte er in Gedanken seine Verteidigungsrede:

»Euer Majestät, hier liegt ein Mißverständnis vor! Die ›Preziösen‹ sind nur eine lustige Komödie. Euer Majestät werden als Mann von feinem Geschmack und tiefstem Verständnis für die Dinge zweifellos diese vergnügliche Bagatelle genehmigen!«

Das Stück wurde dem König zur Durchsicht gesandt. Der energische Direktor des Petit-Bourbon unternahm aber noch weitere Maßnahmen. Eine Beratung mit Madeleine fand statt, die besorgte Truppe machte vielerlei Besuche, Molière zog Erkundigungen ein, antichambrierte und beschloß, noch eine Methode zur Rettung des Stücks auszuprobieren.

Diese Methode ist den Dramatikern von alters her bekannt und besteht darin, daß ein Autor unter dem Druck der Macht sein Werk mit Vorbedacht verstümmelt. Die letzte Möglichkeit! So reagieren Eidechsen, wenn man sie am Schwanz packt – sie brechen ihn ab und entkommen. Jede Eidechse weiß, daß es besser ist, ohne Schwanz zu leben als das Leben zu verlieren.

Molière nahm zu Recht an, die königlichen Zensoren hätten keine Ahnung, daß eine Umarbeitung des Werkes den Grundgedanken nicht im geringsten zu ändern und seinen unerwünschten Einfluß auf den Zuschauer in keiner Weise zu schwächen brauchte.

Molière brach nicht den Schwanz, sondern den Anfang des Stücks ab, strich die erste Szene, ging auch über andere Stellen mit der Feder hinweg und verdarb sie im Rahmen der Möglichkeiten. Die erste Szene war notwendig gewesen, und ihre Streichung verringerte den Wert des Stücks, änderte jedoch nichts am Grundgedanken. Offensichtlich waren darin Cathos und Madelon als Pariserinnen vorgestellt worden, und der Autor wollte die Zensoren beruhigen, indem er hervorhob, die beiden seien aus der Provinz und gerade erst nach Paris gekommen.

Während der verschlagene Komödiant an seinem Stück herumschmierte, spielte sich in Paris Unvorstellbares ab. Nicht nur in der Stadt selbst, sondern auch Dutzende Lieues im Umkreis waren nur noch die ›Lächerlichen Preziösen‹ im Gespräch. Der

Ruhm klopfte an die Tür des Herrn Molière, vor allem in Gestalt eines Literaten namens Somaize. Dieser tobte in den Salons und suchte zu beweisen, daß Molière schlicht ein Plagiator und überdies ein hohler, oberflächlicher Komödiant sei. Man pflichtete ihm bei.

»Er hat alles beim Abbé de Pure geklaut!« schrien die Literaten in den Salons.

»Ach wo!« widersprachen andere. »Der Stoff dieser Komödie ist von den Italienern gestohlen!«

Die Nachricht vom Verbot hatte Öl ins Feuer gegossen. Alle wollten das Stück sehen, in dem die Besucher der Salons, Leute der höchsten Kreise, verspottet wurden. Während es in Paris brodelte und alle Welt die Neuigkeit erörterte, erschien der Buchhändler de Luynes im Theater und bat höflichst, ihm eine Abschrift des Stücks zu überlassen, was ihm jedoch verweigert wurde. Kurzum, jeder arbeitete in seiner Richtung, und endlich erbrachten Molières schlaue Winkelzüge gute Ergebnisse.

Er fand Gönner unter den Großen dieser Welt, erwähnte sehr geschickt, er werde beim König Schutz suchen, und nach zwei Wochen wurde die Komödie, wenn auch mit Änderungen, wieder zugelassen.

Die Truppe frohlockte, und Madeleine flüsterte Molière zu: »Verdopple die Preise!«

Die praktische Madeleine hatte recht. Das zuverlässige Barometer des Theaters, die Kasse, stand auf Sturm. Am 2. Dezember fand die zweite Vorstellung statt, und die Kasse, die normalerweise etwa vierhundert Livres pro Abend ergab, brachte diesmal eintausendvierhundert. Und so ging es weiter. Molière gab die ›Preziösen‹ zusammen mit Stücken von Corneille oder Scarron und war jedesmal ausverkauft.

Der Feuilletonist Jean Loret schrieb in der von ihm herausgegebenen Verszeitung, die Komödie sei ein inhaltsloses Schaubudenstück, doch zugegebenermaßen sehr komisch:

> Ich hab mich schier kaputtgelacht
> Und konnte kaum mehr Atem holen!
> Der Eintritt kostet dreißig Sous,
> Gelacht hab ich für zehn Pistolen!

Der Buchhändler und Verleger Guillaume de Luynes erreichte sein Ziel. Auf rätselhafte Weise gelang es ihm, sich eine Abschrift der ›Preziösen‹ zu verschaffen, und er setzte Molière in

Kenntnis, daß er das Stück drucken werde. Dem Autor blieb nichts anderes übrig, als zuzustimmen. Er verfaßte eine Vorrede, die mit den Worten begann: »Es ist merkwürdig, gegen seinen Willen gedruckt zu werden!« In Wirklichkeit aber war dabei nichts Unangenehmes, zumal die Vorrede dem Autor die Möglichkeit bot, einige Gedanken zu den ›Preziösen‹ zu äußern.

Die Preziösen hatten nach Molières Meinung keinen Grund, über das Stück beleidigt zu sein, denn es stelle nur lächerliche Nachahmerinnen dar. Alles Gute auf Erden finde stets üble Nachäffer ... und so fort. Überdies teilte Molière bescheiden mit, er habe sich bei dem Stück in den Grenzen ehrlicher und erlaubter Satire bewegt.

Es steht zu befürchten, daß Molières Vorrede kaum jemanden überzeugte, und in Paris fanden sich Leute, die bemerkten, Satire könne, wie jeder Gebildete wisse, in der Tat ehrlich sein, aber man werde kaum jemals einen Menschen finden, der der herrschenden Macht eine genehme Satire vorlege. Doch wir wollen Molière sich verteidigen lassen, so gut er kann. Er hat es nötig, denn seit der Premiere der ›Preziösen‹ hatte er große und dauerhafte Aufmerksamkeit auf sich gezogen. Ungewollt verhielt er sich auch weiterhin so, daß diese Aufmerksamkeit keineswegs nachließ.

15
Der geheimnisvolle Herr Ratabon

Sehr bald stellte sich heraus, daß Molière, wie man so sagt, ein begnadeter Dramatiker war. Er arbeitete schnell und handhabte mühelos den Vers. Während ihn in den Pariser Salons die Literaten und im Hôtel de Bourgogne die Schauspieler schmähten, schrieb er eine neue Komödie in Versen, die er im Frühjahr vollendete und am 28. Mai 1660 aufführte. Sie hieß ›Sganarell oder Der vermeintliche Hahnrei‹, und an der Aufführung wirkten mit: das Ehepaar Duparc, das zu Molière zurückgekehrt war, da es sich im Marais-Theater nicht hatte einleben können, ferner das Ehepaar de Brie, l'Espy, Madeleine und Molière selbst, der den Sganarell spielte.

Es war die Sauregurkenzeit, denn der König weilte nicht in

Paris, darum hatten auch viele angesehene Leute die Stadt verlassen. Nichtsdestoweniger erregte das Stück in hohem Maße die Aufmerksamkeit des Publikums, zumal es schon bei der ersten Vorstellung zum Skandal kam.

Ein Bürger im Parkett schlug furchtbaren Lärm und erklärte öffentlich, Herr de Molière habe ihn blamiert, indem er ihn als Sganarell darstelle. Natürlich bereitete sein Auftritt dem Parkett ungetrübtes Vergnügen. Der Bürger tobte und drohte, den Komödianten bei der Polizei anzuzeigen, weil er das Familienleben ehrlicher Leute verspotte. Hier lag natürlich ein Mißverständnis vor, denn Molière hatte bei seinem ›Sganarell‹ keinen bestimmten Bürger im Auge gehabt, sondern ganz allgemein einen eifersüchtigen und habgierigen Typ auf die Bühne gebracht. Man darf annehmen, daß viele Bürger sich in Sganarell wiedererkannten, aber sie waren klüger als dieser Schreihals.

Molière, der sich mit den ›Preziösen‹ etliche Dutzend Literaten von Paris zu Feinden gemacht hatte, war nunmehr, nach dem ›Sganarell‹, auch mit den braven Bürgern der Kaufmannsviertel zerstritten.

In den Pariser Salons wurde der ›Sganarell‹ lautstark erörtert, wobei die Meinungen der Literaten zumeist auf eines hinausliefen:

»Eine Nichtigkeit! Eine grobe Komödie mit komischen Situationen voller abgeschmackter Späßchen.«

Man forschte, wo Molière die Komödie gestohlen haben könnte, doch ohne sonderlichen Erfolg.

Nachdem das Stück schon mehrere Male über die Bühne gegangen war, fand Molière eines Tages einen Brief vor. Ein gewisser La Neuf-Villenaine schrieb ihm, er habe die Komödie ›Sganarell‹ gesehen und finde sie so köstlich, daß er sechsmal hingegangen sei. Dieser Briefanfang zauberte die Röte der Zufriedenheit auf die Wangen des Dichters, der in letzter Zeit verwundert festgestellt hatte, daß der Ruhm ganz anders aussah, als sich manche ihn vorstellen, und sich vorwiegend in hemmungslosen Beschimpfungen an jeder Straßenkreuzung äußerte.

Er las weiter. Es stellte sich heraus, daß La Neuf-Villenaine ein phänomenales Gedächtnis besaß, denn er hatte die Komödie nach sechsmaligem Anhören Wort für Wort nachgeschrieben. An dieser Stelle wurde Herr Molière stutzig, und das zu Recht, denn Herr La Neuf-Villenaine teilte ihm mit, er habe jeder einzelnen Szene einen Kommentar beigefügt. Mit diesen Kommentaren wolle er das Stück in Druck geben, was, wie er schrieb, »... absolut notwendig für Euren und meinen Ruhm« sei.

»Gewissenlose Menschen«, so schrieb Herr La Neuf-Villenaine weiter, »könnten ungeprüfte Abschriften des Stücks veröffentlichen und Euch damit Schaden zufügen.«

Kurz und gut, Herr La Neuf-Villenaine werde das Stück dem Verleger Jean Ribou am Augustiner-Kai übergeben.

»Bei Gott«, rief Molière, nachdem er den Brief des ehrsüchtigen Herrn La Neuf-Villenaine zu Ende gelesen hatte, »diese Dreistigkeit ist doch wohl nicht zu überbieten!«

Nun, darin irrte Herr de Molière!

Im Sommer 1660 fand Molière endlich die Möglichkeit, sich vom laufenden Repertoire im Petit-Bourbon loszureißen und dem König die ›Preziösen‹ vorzuspielen. Am 29. Juli wurde das Stück im Park von Vincennes bei Paris aufgeführt, wo der junge König hingefahren war, um sich in der freien Natur zu erholen. Das Stück hatte vollen Erfolg. Nun war endgültig erwiesen, daß Ludwig XIV. das Theater und besonders die Komödie sehr liebte, was der erfahrene Direktor des Petit-Bourbon im Geist notierte.

Sodann kehrte die Truppe nach Paris zurück und spielte ihr Repertoire, und bald zeigte sich, daß Molières Stücke alle anderen Werke komischen oder tragischen Charakters an Zahl der Vorstellungen und an Höhe der Einnahmen in den Schatten stellten.

Am 30. August zeigte Molière die ›Preziösen‹ für den Einzigen Bruder des Königs und seine Suite im Louvre, wieder mit großem Erfolg. Die Sonne des Wanderkomödianten stieg immer höher. Eine gewaltige Karriere zeichnete sich ab, und mit der angenehmen Aussicht auf Erfolge trat die Truppe in den Herbst des Jahres 1660. Im Oktober, vier Tage nach dem Tode des armen Satirikers Scarron, der im Grabe endlich Ruhe von den schrecklichen Qualen der Paralyse fand, entlud sich plötzlich ein ärgerliches Ereignis: Der Direktor der Truppe des Königsbruders wurde, wiewohl er bei Hofe in Gunst stand, mitsamt seinen Schauspielern aus dem Petit-Bourbon vertrieben.

An einem regnerischen Montag, dem 11. Oktober, erschien im Saal des Bourbon Herr Ratabon, oberster Aufseher aller königlichen Gebäude. Er blickte höchst mystisch drein und hatte einen Architekten mit Zeichnungen und Bauplänen bei sich. Dem Architekten folgte eine Menge Arbeiter mit Spaten, Äxten, Spitzhacken und Brecheisen. Die beunruhigten Schauspieler fragten Herrn Ratabon, was das zu bedeuten habe, und Herr Ratabon antwortete trocken und höflich, er sei gekommen, um das Petit-Bourbon abzureißen.

»Wie?« riefen die Schauspieler. »Und wo sollen wir spielen?« Herr Ratabon antwortete höflich, er wisse es nicht.

Als Molière erschien, klärte sich die Angelegenheit auf; Ratabon hatte ein wunderschönes, fertig ausgearbeitetes Projekt für den Umbau des Louvre bei sich, und für den Erfolg dieser Arbeit war es notwendig, nicht nur das Petit-Bourbon vom Antlitz der Erde zu tilgen, sondern auch die angrenzende Kirche St.-Germain l'Auxerrois.

Unter Molière schwankte der Fußboden.

»Wir werden also fristlos auf die Straße gesetzt?« fragte er.

Statt einer Antwort zuckte Ratabon nur mitfühlend die Achseln und breitete die Arme aus. Formell war er im Recht: Es gehörte nicht zu seinen Pflichten, den Direktor der Komödianten von den Umbauten, die der Architekt Seiner Majestät für die königlichen Bauten plante, in Kenntnis zu setzen.

Schon dröhnten im Bourbon Axtschläge und wirbelte Kalkstaub.

Nachdem sich Molière von der ersten Erschütterung erholt hatte, stürzte er zum Gönner der Truppe, dem Bruder des Königs, um Schutz zu suchen. Und der königliche Bruder ...

Doch kehren wir noch einmal zu Herrn Ratabon zurück. Tatsächlich, aus welchem Grunde begann er mit dem Abbruch des Gebäudes, ohne die höfische Truppe verständigt zu haben? Da nicht anzunehmen ist, Herrn Ratabon wäre aus Zerstreutheit entgangen, daß im Palais Schauspieler wirkten (sogar zwei Truppen, nur war die italienische Truppe während dieser Affäre nicht in Paris, sie hatte Frankreich verlassen), bleibt nur der Schluß, daß der Oberintendant Ratabon die Komödianten mit Vorbedacht in Unkenntnis gelassen hatte.

Mehr noch, er hatte seine Vorkehrungen zu den Arbeiten geheimgehalten, damit die Truppe keine Maßnahmen zur Rettung ihrer Vorstellungen treffen konnte. Wenn es so ist (und es ist so), erhebt sich die Frage, was den Oberintendanten Ratabon zu solchem Tun bewogen hatte.

Doch ach! Es gibt nur eine Erklärung. Eine Gruppe einflußreicher Leute, die Molière und seine Werke seit seinem Auftauchen in Paris haßten, hatte Ratabon dazu veranlaßt. Es wurde sogar der Verdacht geäußert, daß der Oberintendant bestochen sei. Wer aber seine Hände gelenkt hatte, ist nicht bekannt.

Der königliche Bruder nahm lebhaften Anteil am Schicksal der Truppe und verständigte sofort den König. Der Oberintendant wurde zu Seiner Majestät gebeten und gab auf die Frage, was im Bourbon vorgehe, kurze, aber erschöpfende Antwort, indem er den Plan der künftigen Gebäude und Kolonnaden der Aufmerksamkeit des Königs anempfahl.

Wie sollte man nun mit der Truppe des Herzogs von Orléans verfahren, die auf der Straße saß? Der junge König entschied die Frage an Ort und Stelle. Besaß der König von Frankreich etwa nur ein Theatergebäude in Paris? Gebt also der Truppe des Herrn de Molière das Palais-Royal, das ehemalige Kardinalspalais!

Man druckste und meldete dem König, im Saal des Palais-Royal sei es unmöglich zu spielen; schon beim Betreten des Gebäudes laufe man Gefahr, vom Deckengebälk erschlagen zu werden. Doch auch dieser Einwand wurde im Nu entkräftet. Herr Ratabon erhielt Anweisung, den Abbruch des Petit-Bourbon fortzusetzen, gleichzeitig aber das Palais-Royal gründlich zu renovieren, damit die Molière-Truppe so bald wie möglich einziehen könne.

Herrn Ratabon blieb nichts anderes übrig, als unverzüglich mit der Renovierung zu beginnen.

Im Saal des Palais-Royal hatte der theaterbegeisterte Kardinal Richelieu 1641 das Stück ›Mirame‹, bei dessen Abfassung er mitgewirkt hatte, mit überaus prächtiger Dekoration und auf einer Bühne mit vorzüglicher Maschinerie aufgeführt. Trotz aller technischen Wunder war das Stück so jämmerlich durchgefallen, wie es selten vorkommt. Zur Zeit der Ratabon-Affäre war der verlassene Saal gänzlich verwahrlost. Das Gebälk war verfault, die Decke löcherig, und der Fußboden befand sich in einem Zustand, daß man sich die Beine zu brechen fürchtete. Aber das Gespräch mit dem König hatte die Tatkraft Ratabons gewaltig aufgeheizt. Während er eifrig das Palais-Royal renovierte, trat die Molière-Truppe in den Palästen des französischen Hochadels auf. Der ›Hahnrei‹ wurde beim Marschall de la Meilleraye, beim Herzog de Roquelaure, beim Herzog de Mercœur und beim Grafen de Vaillac mit Erfolg gezeigt.

Aber Molière mußte in dieser Zeit auch vor noch höherer Gesellschaft spielen. Kardinal Jules Mazarin, Vormund des Königs und Erster Minister Frankreichs, hatte trotz seiner Krankheit, die ihn an den Sessel fesselte, den Wunsch geäußert, die aufsehenerregenden neuen Stücke Molières zu sehen. Am 26. Oktober

1660 spielte die Truppe in seinem Palast die ›Preziösen‹ und den ›Tolpatsch‹. Der Kardinal war zufrieden, noch vergnügter aber zeigte sich ein junger Mann, der sich bescheiden hinter der Lehne des Kardinalssessels verbarg, während der anwesende Adel ihn nicht zu bemerken schien, obwohl er ständig zu ihm hinschielte.

Loret schrieb in seiner Zeitung, die sich ›Historische Muse‹ nannte, ein wenig rätselhaft: »Die beiden Stücke gefielen außerordentlich, nicht nur Jules, sondern auch noch Höheren Personen.« Die beiden letzten Wörter waren groß gedruckt. Loret teilte weiterhin mit, Seine Eminenz der Kardinal habe, um die Truppe anzuspornen, angeordnet,

> Molière und den Seinen ein großes Menü
> Von zweitausend allerliebsten Écus

anzurichten.

Die Großbuchstaben in Lorets Werk sind begreiflich, denn hinter dem Sessel des Kardinals hatte sich niemand anders verborgen als der König, der es aus irgendwelchen Gründen für notwendig befunden hatte, der Vorstellung inkognito beizuwohnen.

Molière zögerte nicht, seinen Erfolg bei Hofe auszunutzen, und erwirkte die Erlaubnis, nicht nur die Einrichtung der Schauspielergarderoben, sondern auch zwei vollständige Logenränge aus dem Petit-Bourbon ins Palais-Royal mitzunehmen. Der Appetit kommt bekanntlich beim Essen, und der Direktor wollte nun auch noch Dekorationen und Maschinen mitgehen heißen, doch daraus wurde nichts. Der berühmte italienische Theatermaschinenmeister Vigarini, der in Paris eingetroffen war, um den nicht minder berühmten Torelli abzulösen, erklärte, die Maschinen für die königlichen Balletts in den Tuilerien zu benötigen. Es entspann sich ein Kampf, aus dem Vigarini als Sieger hervorging. Die Maschinen verblieben in seinen Händen, und der große Maschinenmeister vollbrachte sein erstes Wunder, doch ein ganz anderes, als der Hof erwartet hatte. Er verbrannte nämlich die Maschinen mitsamt den Dekorationen, worüber sich jedermann wunderte mit Ausnahme von Charles de la Grange. Der seinem Theater treu ergebene Sekretär und Schatzmeister sprach empört zu seinem Direktor:

»Wißt Ihr, Meister, dieser Vigarini ist ein Erzhalunke! Er hat die Dekorationen und Maschinen nur verbrannt, damit Torellis Arbeiten in Vergessenheit geraten.«

»Ich sehe, er ist ein großer Theatermann, dieser Vigarini«, antwortete Molière.

In der Tat, Vigarini war ein Theatermann reinsten Wassers, das heißt, er duldete keinen Konkurrenten, was ihn nicht hinderte, ein erstklassiger Maschinenmeister zu sein.

Während der unfreiwilligen Gastspiele in den Adelspalästen hatte Molière eine Prüfung zu bestehen. Die Burgunder und das Marais-Theater nutzten aus, daß Molière zeitweilig ohne Theater war, und versuchten ihm die Schauspieler abzuwerben. Sie versprachen seinen Komödianten goldene Berge und behaupteten, Molières Werk sei beendet und werde im Palais-Royal nicht wiederauferstehen.

Molière nahm sich das sehr zu Herzen. Er wurde bleich, begann zu husten, magerte ab und warf seinen Schauspielern kläglich fragende Blicke zu. In seinen Augen stand die Frage: Werden sie mich verraten? Sein Zustand fiel den Schauspielern auf, und eines Tages erschienen sie, angeführt von Charles de la Grange, bei ihrem Maître und sprachen die Bitte aus, er möge sich nicht beunruhigen; da er mit so ungewöhnlichen Fähigkeiten Ehrlichkeit und angenehmen Umgang verbinde, würden sie ihr Glück nicht anderweitig suchen, wie vorteilhaft andere Angebote auch sein mögen.

Herr de Molière wollte ihnen eine schön formulierte Antwort geben, worauf er sich trefflich verstand, aber vor Aufregung brachte er nichts heraus, er drückte nur allen die Hand und entfernte sich, um in Einsamkeit nachzudenken.

16
Die traurige Geschichte des eifersüchtigen Prinzen

> Tut eurem Talent keine Gewalt an!
> *Lafontaine*

In dieser Periode seines Lebens beging Molière einen großen Fehler: Er hörte auf üble Nachrede und war gekränkt über Beleidigungen, die er besser gar nicht beachtet hätte. Seit den ersten Aufführungen seiner Komödien und seiner kleinen Farcen, die er neben den Stücken des großen Repertoires spielte, behaupteten die Pariser Literaten einhellig, Molière sei ein windiger Hanswurst und unfähig, ernste Themen zu gestalten. Solche Leute gab es zu Dutzenden. Ihnen standen allerdings einzelne Leute gegenüber, zum Beispiel der berühmte und hochbegabte Fabeldichter Lafontaine, der im Laufe der Zeit Molières bester Freund geworden war. Schon nach den ersten Vorstellungen Molières hatte Lafontaine ausgerufen »Dieser Mann ist nach meinem Geschmack« und davon gesprochen, wie meisterlich Molière in seinen Werken der Natur und der Wahrheit folge.

Anstatt nun aber auf Lafontaine zu hören, ließ sich Molière mehr von den anderen beeinflussen. So kam ihm der Gedanke, aller Welt zu beweisen, wie sehr er befähigt sei, das ewige Thema der Eifersucht, das er im ›Sganarell‹ von der komischen Seite angepackt hatte, auch ernst zu gestalten und an einem Helden aus der höchsten Gesellschaft abzuhandeln. Irgendwie brachte er es fertig, neben der Arbeit am ›Sganarell‹ eine heroische Komödie unter dem Titel ›Don Garcia von Navarra oder Der Eifersüchtige Prinz‹ zu schreiben.

Der Oberintendant hatte inzwischen die Renovierung des Palais-Royal abgeschlossen. Alles war in Ordnung gebracht, und unter der Decke spannte sich eine riesige hellblaue Leinwand, die zweierlei Zwecken diente: Sie sollte den Zuschauern einen freundlichen künstlichen Himmel vorgaukeln und überdies Regenwasser auffangen, da die Decke auch nach der Renovierung noch undicht war.

Am 20. Januar 1661 bezog die Molière-Truppe das Palais-Royal, und bald danach kehrte die italienische Truppe nach Paris zurück. Wieder wurden die Tage aufgeteilt, aber diesmal zahlten die Italiener an Molière einen Ausgleich für die Kosten, die ihm durch die Renovierung entstanden waren, da die aus dem Staatsschatz bewilligten Gelder nicht reichten.

Das Palais-Royal erstrahlte im Lichterglanz, und die düsteren Befürchtungen, Molières Werk werde nicht wiederauferstehen, zerstreuten sich. Das Publikum feierte begeistert seine Stücke, die nun endgültig die Werke aller übrigen Bühnenautoren aus dem Felde schlugen.

Alles schien gut zu gehen. Doch am 4. Februar wurde der ›Eifersüchtige Prinz‹ uraufgeführt. Für die üppige Ausstattung des aristokratischen Stücks war viel Geld aufgewendet worden, und der Direktor, dessen Erinnerung an die Bratäpfelwürfe sich verflüchtigt zu haben schien, spielte selber den glanzvollen Prinzen.

Das Publikum sah Molières neuem Werk mit Interesse entgegen und nahm den ersten Monolog Elviras, gespielt von Marquise-Thérèse Duparc, wohlwollend auf. Don Garcia sprach seine hochtrabenden Monologe über die ruhmvollen Gefahren und den Glanz von Donna Elviras Augen und über andere gehobene Dinge. Die Monologe waren so lang, daß das Publikum in aller Ruhe den blauen Himmel und die vergoldeten Logen des Palais-Royal in Augenschein nehmen konnte. Molière spielte, aber ihm war trüb zumute, denn die Kasse hatte nur sechshundert Livres erbracht, und das Theater war längst nicht voll. Das Publikum langweilte sich und hoffte auf eine interessante Wende. Aber ich muß bestürzt zugeben, daß diese Hoffnung vergeblich war. Unter spärlichem Beifall wurden die Kerzen über dem eifersüchtigen Prinzen gelöscht.

Erfahrene Dramatiker wissen: Wenn sie feststellen wollen, wie ihr Stück beim Publikum ankommt, brauchen sie weder Bekannte auszufragen noch Rezensionen zu lesen; es gibt einen einfacheren Weg: sich erkundigen, wie hoch die Kasse ist. Dies tat Molière und erfuhr, daß die Kasse bei der zweiten Vorstellung fünfhundert Livres betrug, bei der dritten hundertachtundsechzig und bei der vierten vierhundertsechsundzwanzig. Da spielte Molière zusammen mit dem ›Don Garcia‹ sein Erfolgsstück ›Sganarell‹ und erzielte siebenhundertzwanzig Livres. Aber dann half auch der ›Sganarell‹ nicht mehr; die Einnahme betrug vierhundert Livres. Endlich kam die gefährliche siebente Vorstellung und der in Molières Leben verhängnisvolle 17. Februar.

An diesem Tag, einem Donnerstag, betrug die Kasse nur noch siebzig Livres. Jetzt schwanden dem Direktor die letzten Zweifel: Sein Stück und er selbst in der Rolle des Garcia waren endgültig und unwiderruflich durchgefallen. Er spielte die Rolle des Prinzen so schlecht, daß er schon vor der siebenten Aufführung daran gedacht hatte, sie einem anderen Schauspieler zu übertragen.

Dem Durchfall folgte, was jedem Durchfall eines Dramatikers zu folgen pflegt – wilde Freude bei den Feinden, weinerliches Mitgefühl bei den Freunden, viel schwerer zu ertragen als hämische Schadenfreude, Gekicher hinterm Rücken, betrübliches Gerede über den verausgabten Autor und dilettantische Spottverse.

Molière leerte die bittere Schale, die der Lohn war für seinen Flug in die höhere Gesellschaft und für sein langatmiges, seelenloses Stück.

»Diese Bürger haben keine Ahnung von der Kunst!« knurrte der Dichter ungerecht, zog den prächtigen Aufputz des Prinzen aus und verwandelte sich wieder in den, der er war, in Jean-Baptiste Poquelin. Hustend und drohend schloß er, er werde den ›Don Garcia‹ im Palais-Royal absetzen und dann bei Hofe zeigen. Er dachte offenbar: Wer kann schon die innere Welt eines Prinzen begreifen, wenn nicht Prinzen?

Nach Jahresfrist machte er seine Drohung wahr und zeigte den ›Don Garcia‹ bei Hofe. Hier fiel er genauso durch wie im Palais-Royal. Da nahm der Direktor kleinlaut einige gelungene Verse aus dem ›Don Garcia‹ heraus und fügte sie in andere Stücke ein, damit die Ware nicht umkam. Seitdem konnte er es nicht ertragen, wenn jemand in seiner Gegenwart den ›Eifersüchtigen Prinzen‹ erwähnte.

17
Nach dem Tode des eifersüchtigen Prinzen

Zu Beginn des Jahres 1661 trat ein wichtiges Ereignis ein. Am 9. März starb Kardinal Mazarin, und schon am nächsten Tag versetzte der dreiundzwanzigjährige König Ludwig XIV. seinen Ministern einen niederschmetternden Stoß.

»Ich habe Euch hergebeten, meine Herren«, sagte der junge König und starrte seinen Ministern ins Gesicht, »um Euch zu sagen, daß für mich die Zeit gekommen ist, den Staat selbständig zu regieren. Ihr werdet mir Ratschläge geben, aber nur, wenn ich Euch frage. Von heute an verbiete ich, ohne meinen Befehl irgendwelche Papiere zu unterzeichnen, und sei es der unwichtigste Paß. Ihr werdet mir jeden Tag persönlich über Eure Arbeit Bericht erstatten.«

Die Minister und auch ganz Frankreich begriffen alsbald, welch ernst zu nehmender Mann auf dem Thron saß. Auch Molière erkannte es und wußte sofort, an wen er sich notfalls um Schutz zu wenden hatte. Solche Notfälle konnten durchaus eintreten, das hatte die Affäre mit den ›Preziösen‹ deutlich gezeigt.

Im Frühling desselben Jahres hatte Molière seine neue Komödie ›Die Schule der Ehemänner‹ fertig. Das Stück handelte von der siegreichen Leidenschaft zweier junger Menschen, einer Leidenschaft, die alle Hindernisse, die ein grober alternder Despot ihr in den Weg legt, überwindet.

Die Komödie mit Laternen und notariellem Ehekontrakt im Finale wurde im Juni uraufgeführt, wobei Molière den Sganarell und la Grange den Liebhaber Valère spielte. Es war ein voller Erfolg. Der ›Don Garcia‹ war vom Publikum vergeben und vergessen, und die ›Schule‹ lief in der Saison achtundfünfzigmal, womit sie alle anderen Stücke der Saison schlug.

Eines Abends saß der Direktor der Truppe zu Hause in seinem Arbeitszimmer. Vor ihm lag das für den Druck vorbereitete Exemplar der ›Schule‹. Molière schrieb eine Widmung für seinen Gönner, den Bruder des Königs:

»Monseigneur! Ich zeige Frankreich ganz unangemessene Dinge. Es gibt nichts Größeres und Schöneres als den Namen, den ich an die Spitze dieses Buches setze, und nichts Niedrigeres als seinen Inhalt...«

Hier legte Molière die Feder weg, säuberte die Kerzendochte, hustete und dachte: Warum äußere ich mich eigentlich so über meine Komödie? Er seufzte, strich sich mit der Federfahne über die Braue, zog die Stirn kraus und schrieb weiter. Die großen dicken Buchstaben fügten sich zu den Worten:

»Man wird vielleicht sagen, dies sei, als stülpe man eine Krone mit Perlen und Brillanten auf eine tönerne Statue oder als baue man ein prächtiges Portal nebst Triumphbögen als Eingang vor eine ärmliche Hütte...«

»Ob ich noch mehr schmeichle?« murmelte der Dramatiker. »Nein, es reicht wohl.«

»Ich habe mir erlaubt, Monseigneur, diese Kleinigkeit Eurer Hoheit zu widmen.«

Und er unterschrieb: »Eurer Königlichen Hoheit ergebenster, gehorsamster, treuester Diener Jean-Baptiste Poquelin-Molière.«

»So wird es gut sein«, sagte der ergebenste Diener zufrieden und bemerkte in seinem Eifer gar nicht, daß seine Worte von der tönernen Statue, auf die eine Krone mit Perlen gestülpt wird, recht zweideutig klangen. In der Tat, warum sollte die Komödie eine tönerne Statue sein und der Name des von Orléans eine Krone?

Aber wie dem auch sei, die Widmung wurde dem Herzog von

Orléans geschickt und wohlgeneigt aufgenommen, dann bereitete sich die Truppe auf wichtige Ereignisse im Herbst vor.

Die Geschichte kennt viele Veruntreuer staatlicher Gelder. Einer der glänzendsten aber war zweifellos Nicolas Fouquet, Vicomte de Melun et de Vaux, Marquis de Belle-Île, der dazumal das Amt des obersten Verwalters der französischen Finanzen versah. Kaum jemals ist einem Menschen gelungen, den Staatsschatz in solchem Umfang zu berauben, wie es Fouquet gelungen war. Wenn man den bösen Zungen glauben will, und das muß man wohl, so hatte Fouquet zum Schluß keine Ahnung mehr, wo die staatlichen Gelder aufhörten und seine eigenen anfingen. Was unter Fouquet im Finanzministerium vor sich ging, läßt sich nicht beschreiben. Assignaten auf längst erschöpfte Fonds wurden ausgegeben, in den Berichten standen falsche Zahlen, man nahm Schmiergelder...

Fouquet war kein gemeiner Geizhals, sondern ein großzügiger, eleganter Veruntreuer. Er wechselte häufig seine Geliebten, er veranstaltete Gastmähler, er umgab sich mit den besten Malern, Denkern und Schriftstellern, darunter auch Lafontaine und Molière. Der Architekt Le Vau erbaute dem talentierten Minister einen Palast auf dem Gut Vaux, der selbst die in jenem prachtliebenden Jahrhundert nicht so leicht zu erstaunenden Franzosen höchlich verwunderte. Die Säle wurden von den berühmten Malern Lebrun und Mignard ausgemalt, Gärtner legten rings um den Palast Parks und Gärten mit Fontänen an, so daß jeder, der hier zu Besuch weilte, sich im Paradiese wähnte. Aber damit war Fouquet noch nicht zufrieden. Wie in trüber Vorahnung bevorstehender Ereignisse kaufte er die ganze Insel Belle-Île vor der Küste der Bretagne und ließ darauf eine Festung errichten, in die er eine Garnison legte.

In der Zeit, als die ›Schule der Ehemänner‹ Aufsehen erregte, wurde Minister Fouquet bereits Schicksalslenker genannt.

Der Schicksalslenker hatte sich entschlossen, auf seinem Landsitz Vaux ein großes Fest für den König zu geben. Wenn Fouquet etwas tat, tat er es gründlich. In Erwartung hochmögender Gäste ließ er ein Theater in einem Tannenwäldchen errichten, ungeheure Mengen von Speisen herbeischaffen und die besten Theatermaschinisten und Feuerwerker engagieren.

Bedauerlicherweise können Schicksalslenker jedes Schicksal lenken mit Ausnahme des eigenen. Fouquet wußte nicht, daß der König zu dieser Zeit schon den Experten Colbert die Unterlagen des Finanzministeriums überprüfen ließ. Die Überprüfung geschah in Eile und geheim, weil Kardinal Mazarin vor seinem Tode dem jungen König geraten hatte, Fouquet mit Hilfe des Fachmannes Colbert das Handwerk zu legen. Der König war jung, aber er war klug und kaltblütig und blieb ruhig, als Colbert nach gründlicher Sichtung der Ministeriumsakten ihn auf falsche und echte Unterlagen aufmerksam machte.

Fouquet, dem schon das Verhängnis drohte, krönte die Vorbereitungen auf seinen Untergang damit, daß er auf dem Giebel seines Palastes eine lateinische Devise anbrachte: »Quo non ascendam?« (Was kann ich nicht erreichen?)

Gegen Mittag des 15. August erschien König Ludwig in Begleitung seines Bruders, seiner Gattin, der Prinzessin Henriette und der englischen Königin in Vaux. Augenzeugen berichten, das stets beherrschte Gesicht des Königs habe ein wenig gezuckt, als er den Blick hob und auf dem Giebel Fouquets Devise erblickte, doch schon im nächsten Moment sei sein Gesicht unbewegt wie zuvor gewesen. Ein Frühstück für fünfhundert Personen eröffnete die Festlichkeiten, dann folgten Theatervorstellungen, Ballette, Maskeraden und Feuerwerk. Aber mich interessieren weniger Frühstück und Feuerwerk als die Frage, wie Molière es fertigbrachte, im Auftrage Fouquets binnen fünfzehn Tagen ein ganzes Stück in Versen zu schreiben, einzustudieren und aufzuführen. Aber es ist so: Das Stück ›Die Plagegeister‹ wurde am 17. August gespielt.

Offensichtlich hatte Molière zu dieser Zeit den König von Frankreich bereits genau studiert und seinen Geschmack kennengelernt. Der König liebte die Komödie sehr, noch mehr aber das Ballett. Die ›Plagegeister‹ waren daher eine Komödie mit Ballett, eigentlich kein Stück im reinen Sinne des Wortes, sondern eine Reihe nacheinander auftretender, nicht miteinander verbundener, satirisch dargestellter Typen aus der höchsten Gesellschaft.

Hier erhebt sich die Frage: Wie konnte Molière es wagen, in Anwesenheit des Königs Höflinge ironisch zu gestalten? Molière hatte ganz richtig gerechnet. Der König war dem französischen Hochadel keineswegs wohlgesonnen und hielt sich durchaus nicht für den Ersten unter den Adligen. Er sah seine Macht als göttlich an und glaubte unermeßlich höher zu stehen als alle Menschen der Welt, hoch droben im Himmel, in unmittelbarer Nähe Gottes. Darum reagierte er höchst empfindlich selbst auf die kleinsten Versuche eines Aristokraten, sich höher zu erheben, als ihm zukam. Kurzum, es war besser, sich mit einem Rasiermesser die Gurgel durchzuschneiden, als eine solche Devise an sein Haus zu schreiben wie Fouquet. Ludwig erinnerte sich recht gut an die Zeit der Fronde und hielt den Hochadel eisern in der Hand. Höflinge durfte man in seiner Gegenwart unbesorgt verspotten.

In den Gärten von Vaux öffnete sich der Vorhang. Den Gästen des Ministers zeigte sich der aufgeregte Molière, ungeschminkt und in Straßenkleidung. Unter nervösen Verbeugungen bat er um Nachsicht, weil er aus Zeitmangel keine Zerstreuung für den großen Monarchen habe vorbereiten können. Aber der beste Theaterredner von Paris hatte seinen Entschuldigungssermon noch nicht beendet, als auf der Bühne ein Felsen zerfiel und unter einem Wasserfall hervor (solch ein Künstler war der Maschinenmeister Vigarini!) eine Najade auftauchte. Niemand hätte geschätzt, daß diese bestrickende Göttin schon dreiundvierzig Jahre alt war! Madeleine war nach allgemeiner Meinung bezaubernd in dieser Rolle. Sie sprach die Worte des Prologs:

Um den größten Monarchen der Welt zu schauen,
Bin ich, o ihr Sterblichen, der Grotte entstiegen...

Kaum hatte sie das letzte Wort des Prologs gesprochen, als gellend die Oboen des Orchesters aufschrien und die Ballettkomödie begann.

Nach der Vorstellung winkte der König Molière zu sich, zeigte auf den Jägermeister de Soyecourt und flüsterte schmunzelnd:

»Da ist ein Original, das Ihr noch nicht kopiert habt.«

Molière faßte sich an den Kopf und flüsterte lachend zurück:

»Majestät haben eine vorzügliche Beobachtungsgabe. Wie konnte mir dieser Typ entgehen?«

Noch in derselben Nacht schrieb er eine neue Szene für die Komödie und stellte darin den auf Hirsche gierigen Jäger Dorant, den auf Pferde versessenen, damals berühmten Pferdehändler Gaveau und den auf forsche Heldentaten erpichten bekannten Reiter Drécar dar. Alle Zuschauer erkannten schadenfroh in Dorant den armen Jägermeister de Soyecourt.

Molière fühlte sich veranlaßt, dem König einen Brief zu schreiben, in dem er ihm viel Gutes zu sagen wußte. Erstens rechne er, Molière, sich selbst zu den Plagegeistern, zweitens verdanke er den Erfolg seiner Komödie nur dem König, denn nachdem der König sie gutgeheißen habe, seien alle seinem Beispiel gefolgt, drittens sei die Szene mit dem Jäger, die er auf Befehl Seiner Majestät in die Komödie aufgenommen habe, zweifellos die beste des Stücks, und überhaupt habe er, Molière, an keiner Szene keines seiner Stücke mit so viel Vergnügen gearbeitet wie an dieser.

Während der Dramatiker sein Stück verbesserte, begann im Park von Vaux ein anderes Stück, aber keine Komödie, sondern ein Drama.

Als der König einmal einen Parkweg entlang wandelte, hob sein Begleiter ein Briefchen vom Sand auf. Der König interessierte sich für den Brief und las ihn. O weh! Es war ein zärtlicher Brief Fouquets an eine gewisse Mademoiselle la Vallière. Man kann sich dafür verbürgen: Hätte Fouquet in diesem Moment Ludwigs Augen gesehen, er würde sofort seine Gäste verlassen haben und aus Frankreich geflohen sein, unter Mitnahme lediglich eines Beutels Gold und seiner Pistolen. Das bescheidene Adelsfräulein la Vallière war nämlich die Favoritin des Königs.

Ludwig hatte sich schon in früher Jugend durch kolossale Selbstbeherrschung ausgezeichnet. Deshalb überstand Nicolas Fouquet noch den ganzen August wohlbehalten. Der König übersiedelte nach Fontainebleau und begab sich Anfang September nach Nantes, wo der Kronrat tagte. Nachdem die Tagung beendet war und der erschöpfte Fouquet auf die Straße trat, wurde er am Ellbogen berührt. Der Minister zuckte zusammen und drehte sich um. Vor ihm stand ein Musketierhauptmann.

»Ihr seid arretiert«, sagte der Hauptmann gedämpft.

Mit diesen drei Wörtern war Fouquets Leben beendet. Alles Weitere war nur noch ein Dahinvegetieren, zuerst im Gefängnis von Vincennes, dann in der Bastille. Drei Jahre lang untersuchten Richter die Unterschleife, und vor Gericht stand kein glänzender Minister, sondern ein stoppelbärtiger und schlotternder Arrestant. Unter den Richtern sah er seine grimmigsten Feinde, die vom König ausdrücklich für dieses Amt bestimmt worden waren. Neun Richter forderten für ihn die Todesstrafe, dreizehn andere waren menschlicher und verurteilten ihn zu immerwährender Verbannung, allein der König befand dieses Urteil für falsch und verhängte statt der Verbannung lebenslangen Kerker.

Im Kerker verbrachte Fouquet fünfzehn Jahre. Nicht ein einziges Mal ließ man ihn zum Spaziergang hinaus, er erhielt nichts zu lesen, durfte nicht schreiben und seine Frau und die Kinder nie mehr sehen. Erst 1680 regte sich etwas im Herzen des Königs, entweder hatte er die bescheidene la Vallière über anderen Frauen vergessen, oder seine Erinnerung an die Devise auf dem Giebel war verblaßt, kurz und gut, er unterschrieb einen Erlaß, wonach Fouquet freizulassen sei. Aber der Befehl blieb unausgeführt. Fouquet erlebte des Königs Gnade nicht mehr, er war dahin gegangen, wo, wie er zweifellos hoffte, ein anderer Richter sowohl ihn, den unehrlichen Minister, als auch den rachsüchtigen König und besonders jenen Unbekannten richten würde, der den Zettel in den Sand geworfen hatte.

Ich möchte noch einen Umstand erwähnen. In der Vorrede zu den ›Plagegeistern‹, die nach Fouquets Verhaftung erschienen, scheute sich Molière nicht zu erwähnen, daß die Verse des Prologs von Herrn Pellisson stammten, und dieser war Fouquets Sekretär und engster Freund.

Paul Pellisson zeigte sich nicht weniger mutig und schrieb zur Rechtfertigung Fouquets ein ganzes Buch unter dem Titel ›Reden‹, womit er zeigte, daß er seine Freunde, wie immer sie waren, nicht verriet. Der König las das Buch sehr aufmerksam und ließ Pellisson mildherzig für nur fünf Jahre in die Bastille sperren.

18
Wer ist sie?

> Géronimo: Es gibt bestimmt nichts
> Erfreulicheres, und darum rate ich Euch:
> Heiratet so rasch wie irgend möglich!
> ›Die erzwungene Heirat‹

Am 20. Februar 1662 fand in der Kirche St.-Germain l'Auxerrois, die Herr Ratabon noch nicht hatte zerstören können, eine Trauung statt.

Neben dem leicht gebeugten, hüstelnden Direktor der Palais-Royal-Truppe Jean-Baptiste Molière stand vor dem Altar ein junges Mädchen von etwa zwanzig Jahren, unschön, mit breitem Mund und kleinen Augen, aber sehr anziehend und kokett. Es war nach der letzten Mode gekleidet und trug den Kopf stolz erhoben.

Die Orgel dröhnte über dem Brautpaar, aber weder die Orgelklänge noch das wohlbekannte Latein der Predigt erreichten das Bewußtsein des Bräutigams, der vor Leidenschaft für seine Braut glühte. Hinter dem Brautpaar standen die Schauspieler des Palais-Royal und eine Gruppe Verwandter, darunter der steinalte, weißhaarige Königliche Tapezierer Jean-Baptiste Poquelin, die Mutter der Béjarts, Madame Hervé-Béjart, Madeleine mit versteinertem Gesicht und der junge Louis Béjart.

Verzehrende Leidenschaft hatte Molière erfaßt, und jetzt war sein Ziel erreicht: Mademoiselle Menou alias Armande Béjart stand neben ihm vor dem Altar.

Der Ehekontrakt nannte als Braut Mademoiselle Armande-Claire-Elisabeth-Grésinde Béjart, die Tochter der Madame Marie, geborene Hervé, und ihres verstorbenen Mannes, Sieur de Belleville. Die Braut sei ungefähr zwanzig Jahre alt.

Wir aber, die wir inzwischen die ganze Familie des verstorbenen Béjart-Belleville und seiner Ehefrau Marie Hervé-Béjart gut kennengelernt haben, das heißt ihren ältesten Sohn Joseph, die Töchter Madeleine und Geneviève und den jüngsten Sohn Louis, möchten uns noch ein wenig näher mit der jüngsten Tochter Armande befassen, die soeben Molière angetraut wird.

Da der Ehekontrakt, aufgesetzt im Januar 1662, besagt, daß die Braut zwanzig Jahre alt ist oder so ungefähr, sind die Spuren ihrer Geburt im Jahre 1642 oder 1643 zu suchen. Und solche Spuren gibt es. Ein Akt vom 10. März 1643 besagt, Madame Marie Hervé verzichte auf das Erbe ihres verstorbenen Mannes Béjart-Belleville, da es mit Schulden belastet sei. Der Akt zählt Maries Kinder auf: Joseph, Madeleine, Geneviève und Louis und endlich eine kleine Tochter, »noch nicht getauft«, das heißt neugeboren.

Dies ist natürlich dieselbe Armande, die jetzt vor dem Altar steht. Alles stimmt. Sie ist etwa zwanzig Jahre alt, und sie ist die Tochter der Marie Hervé. Alles wäre in schönster Ordnung, wenn es nicht noch einen Umstand gäbe. In der Verzichterklärung Marie Hervés werden mehrmals ihre »minderjährigen« Kinder erwähnt. Wir müssen uns sehr wundern über den Zivilbeamten, der den Akt aufsetzte, aber auch über die ehrenwerten Zeugen, die dabei zugegen waren: zwei Staatsanwälte, ein

Wagenbaumeister und ein Schneider. Im Jahre 1643 nämlich war der älteste Sohn Joseph Béjart sechsundzwanzig und Madeleine ungefähr fünfundzwanzig Jahre alt. Es gibt keine Gesetzgebung, nach der Joseph und Madeleine für minderjährig hätten gelten können.

Was bedeutet das? Es bedeutet, daß der Akt von 1643 falsche Angaben enthält und folglich nichts wert ist. Damit fällt ein dunkler Verdachtsschatten auf das geheimnisvolle, noch nicht getaufte Mädelchen.

Madame Marie Hervé war 1590 geboren. Somit müßte sie das Mädchen ungefähr in ihrem dreiundfünfzigsten Lebensjahr nach dreizehnjähriger Pause zur Welt gebracht haben, denn Louis wurde 1630 geboren, und seitdem gibt es keine Informationen über weitere Kinder der Marie Hervé. Ist das möglich? Ja, aber wenig wahrscheinlich. Und völlig undenkbar ist, daß keiner der nahen Freunde und zahlreichen Bekannten der Béjarts nirgendwo erwähnte, daß die betagte Familienmutter ihrem sterbenden Mann noch ein Kind schenkte. In dieser Zeitspanne ist außer in dem Akt von 1643 nirgendwo ein Kind Marie Hervés erwähnt.

Wie sollte es auch? Wo könnte das Kind geboren sein? Man weiß es nicht. Tatsächlich hatten die Béjarts ausgerechnet im Winter 1643 Paris für eine Zeitlang verlassen. Ihre Reise fällt genau mit der Geburt des Mädchens zusammen. Man fragt sich, warum mußte sich Marie Hervé aus Paris entfernen, um unter Bedingungen, die geheimnisvoll genannt zu werden verdienen, ein Kind zur Welt zu bringen?

Wo wurde das Kind getauft? Man weiß es nicht. In Paris konnte kein Beleg für seine Taufe gefunden werden. Folglich wurde es irgendwo außerhalb der Stadt getauft, vielleicht in der näheren Umgebung, vielleicht auch in der Provinz. Weiter. Warum gab man das Mädchen gleich nach der Geburt zu fremden Menschen und erzog es nicht zu Hause wie die anderen Kinder?

Welcher Schluß drängt sich aus all diesen wirren Umständen auf? Ein einfacher und trauriger Schluß: Marie Hervé hat 1643 kein Kind geboren, und der Akt aus dem Jahre 1643, nach welchem sie das Kind sich zuschrieb, entspricht nicht den Tatsachen. Was mag sie dazu bewogen haben?

Da es kaum einen Sinn hat, ein fremdes Kind als das eigene auszugeben, entsteht ganz von selbst der Verdacht, daß eine der unverheirateten Töchter Marie Hervés die Mutter des geheimnisvollen Mädchens war. Daher die Abreise aus der Stadt, daher das Verstecken des Kindes, daher die Erziehung bei Fremden! Aber welche der beiden Töchter war die Mutter: Geneviève oder Madeleine? Was Geneviève betrifft, so findet sich nirgends ein Hinweis darauf, daß sie dieses Kind gebar. Im Gegenteil, alle waren überzeugt, Armande sei die Tochter Madeleines, und niemand hielt sie für Marie Hervés Kind. Ohne die Entdeckung des Ehekontrakts, in welchem Armande-Claire-Elisabeth-Grésinde Béjart als Tochter Marie Hervés genannt wird, eine Entdeckung, die alle Karten durcheinanderwarf, hätte nie jemand in diesem Zusammenhang Marie Hervés Namen erwähnt.

Der bekannte Literat Brossette schrieb in seinen Memoiren: »Despréaux hat mir gesagt, Molière sei ursprünglich in die Komödiantin Béjart verliebt gewesen, deren Tochter er heiratete.«

Der anonyme Autor eines Pasquill-Buches mit dem Titel ›Eine berühmte Komödiantin‹ (gemeint ist Armande Béjart-Molière) schrieb: »Sie war die Tochter der verstorbenen Béjart, einer Komödiantin, die bei den jungen Männern im Languedoc zur Zeit der glücklichen Geburt ihrer Tochter riesigen Erfolg hatte.«

Kurzum, nach Molières Tod schrieben viele, was sie schon zu seinen Lebzeiten gesagt hatten, daß nämlich Armande Madeleines Tochter sei. Aber außer diesen mündlichen und schriftlichen Zeugnissen gibt es noch eine ganze Anzahl indirekter Beweise.

Als Molière Armande heiratete, erhielt er, wie aus dem Ehekontrakt hervorgeht, von Marie Hervé eine Mitgift für ihre Tochter in Höhe von zehntausend Livres. Da aber Marie Hervé in dem Akt von 1643 gelogen hat, sind wir berechtigt, ihr zu mißtrauen. Zehntausend Livres hatte sie nicht und konnte sie nicht haben. Dieses Geld hatte, wie sich später herausstellte, Madeleine Béjart hergegeben, die als einzige in der Familie vermögend war. Natürlich konnte sie auch zu ihrer Schwester freigebig sein. Aber ihre Freigebigkeit war auffallend unterschiedlich, das ist es! Als nämlich zwei Jahre später auch Geneviève sich verehelichte, erhielt sie nur fünfhundert Livres in bar und etwa dreieinhalbtausend in Wäsche und Möbeln.

Bei ihrem Tode hinterließ Madeleine ihrer Schwester Geneviève und dem lahmen Louis eine kleine Lebensrente, Armande aber dreißigtausend Livres.

Als im Süden wie aus heiterem Himmel Mademoiselle Menou erschien, umgab Madeleine sie mit solcher Fürsorge, daß niemand in ihrer Umgebung dies für schwesterliche Zuneigung hielt. So kann nur eine Mutter für ihr Kind sorgen. An dieser Stelle sei hinzugefügt, daß Menou und Armande zweifellos identisch sind. Wäre es nicht so, dann wüßten wir etwas über Menous Tod, und außerdem hätten wir keine Erklärung dafür, woher Armande plötzlich nach Paris kam.

Was schließen wir daraus?

Folgendes: 1662 heiratete Molière die Tochter Madeleine Béjarts, seiner ersten ungesetzlichen Frau, jene Armande, die in den Akten fälschlich für Marie Hervés Tochter galt.

Aber wer war nun Armandes Vater? Der Hauptverdacht fiel auf Esprit de Rémond de Mormoiron, Sieur de Modène, den wir schon als ersten Liebhaber Madeleines und Vater ihres ersten Kindes Françoise kennen. Aber dieser Verdacht erwies sich sehr bald als unbegründet. Es gibt viele Beweise dafür, daß Madeleine eine Zeitlang ihre Verbindung mit Modène durch die Ehe zu legalisieren wünschte. Darum gab sie sich nicht die geringste Mühe, Françoises Geburt vor den Leuten und vor Modène zu verheimlichen, sondern ließ sie sogar aktenkundig machen. Die Geburt eines zweiten Kindes von Modène hätte Madeleine noch stärker an ihn gebunden und wäre ihren Ehewünschen durchaus förderlich gewesen. Es gab entschieden keinen Grund, den Säugling zu verstecken und ihrer Mutter zuzuschreiben. Da aber Madeleine ihr Kind vor Modène verbarg, müssen andere Umstände eine Rolle gespielt haben.

Der Chevalier de Modène nahm 1641 zusammen mit Louis de Bourbon, dem Grafen von Soissons und dem Herzog von Guise an einer Verschwörung gegen Richelieu teil und wurde in der Schlacht bei Marfée am 6. Juli 1641 verwundet. Das Pariser Parlament verurteilte ihn im September desselben Jahres zum Tode. Infolgedessen hielt sich Modène verborgen, zuerst in Belgien und dann in Frankreich, wobei er jedoch Paris mied. Das ging bis 1643, und erst nach dem Tode Richelieus und Ludwigs XIII. wurde Modène begnadigt und konnte in die Hauptstadt zurückkehren.

Ich muß erwähnen, daß die Béjarts Repressalien seitens der Regierung befürchteten, weil Modène der Familie nahegestanden hatte, und ebenfalls Paris verließen. Aber die Fahrten der Béjarts berührten nicht die Stätten, wo Modène sich aufhielt. Dieser hätte also bei seiner Rückkehr nach Paris nach zweijähriger

Trennung Madeleine mit einem fremden Säugling angetroffen, und das wäre ihrer Verbindung nun keineswegs dienlich gewesen.

Modène kann nicht Armandes Vater gewesen sein. Ihr Vater war also ein anderer Kavalier, der Madeleine im Sommer 1642 in Südfrankreich nahegestanden hatte. In dieser Zeit kann Madeleine vielen begegnet und mit manchem von ihnen vertraut gewesen sein, und leider lernte sie damals – das wissen wir genau – auch den Königlichen Tapezierer und Kammerdiener Jean-Baptiste Poquelin näher kennen, der zu Ludwigs Gefolge gehörte. Das war bei den Quellen von Montfrin, wo Ludwig XIII. von dem heilkräftigen Wasser trank, in der zweiten Junihälfte des Jahres 1642.

Die Begegnung in Montfrin und die unbezweifelbare Vertrautheit Poquelins mit Madeleine waren der Grund für die schauerlichen Gerüchte, die später über Molière verbreitet wurden.

Der Autor der ›Berühmten Komödiantin‹ schrieb: »... sie (Armande) wurde für Molières Tochter gehalten, obwohl er später ihr Mann war...«

Als Armande ein paar Jahre nach Molières Tod vor Gericht in einem fremden Fall aussagen sollte, versuchte der Advokat der Gegenpartei in einer heftigen Rede, die Zeugin zurückzuweisen, indem er öffentlich behauptete, sie sei die Frau und Witwe ihres eigenen Vaters.

Große Bedeutung maß man einem Brief Chapelles an Molière bei, der 1659 geschrieben wurde und die geheimnisvollen Zeilen enthielt: »... Ihr werdet diese schönen Verse nur Mademoiselle Menou zeigen, zumal sie Euch und sie darstellen...«

Einiges deutet darauf hin, daß Armandes Heirat erst nach skandalösen Szenen zwischen Molière und Madeleine sowie zwischen Madeleine und Armande zustande kam, Szenen, die so fürchterlich waren, daß den drei Menschen das Leben unerträglich wurde und Armande nachgerade gezwungen war, zu ihrem künftigen Mann zu flüchten.

Offizielle Akten erwähnen, daß Geneviève Béjart weder beim Abschluß des Ehekontrakts noch bei Molières Heirat anwesend war, was viele für einen Protest gegen die grausige Ehe halten.

Kurzum, von allen Seiten kamen, Molières Leben vergiftend, Gerüchte gekrochen, daß er schlimmste Blutschande begangen und seine eigene Tochter geheiratet habe.

Was soll man sagen zu diesem verzwickten Fall, der voll ist

von unglaubwürdigen Akten, indirekten Indizien, Mutmaßungen und zweifelhaften Angaben? Hier meine Schlußfolgerung: Armande war Madeleines Tochter, sie wurde heimlich an einem unbekannten Ort geboren, und ihr Vater ist unbekannt. Es gibt keine Beweise dafür, daß die Gerüchte stimmen und Molière seine Tochter heiratete. Freilich gibt es auch keinen Beweis, der das grausige Gerücht gänzlich widerlegte.

Da steht nun mein Held vor dem Altar mit einem Mädchen, das um mehr als die Hälfte jünger ist als er und für seine eigene Tochter gehalten wird. Düster dröhnt die Orgel über ihnen und sagt alle möglichen Ehekonflikte voraus. Und alle diese Vorhersagen werden eintreffen!

Nach der Hochzeit gab der Direktor des Palais-Royal seine Wohnung in der Rue St.-Thomas-du-Louvre auf und übersiedelte mit seiner jungen Frau in die Rue de Richelieu. Er nahm nur seine Dienerin Louise und seinen Lakaien Provençale mit, der ihm das Leben vergiftete.

Hier in der Rue de Richelieu begannen sehr bald die Mißlichkeiten. Die Ehegatten paßten überhaupt nicht zueinander. Der alternde und kranke Molière liebte seine Frau nach wie vor leidenschaftlich, aber sie hatte nichts für ihn übrig. Und sehr bald wurde ihr Leben zur Hölle.

19
Die Schule des Dramatikers

Was sich in Molières Wohnung in der Rue de Richelieu auch immer abspielte, das Leben im Theater Palais-Royal ging seinen Gang. In diesem Jahr stießen neue Schauspieler zur Truppe. Der erste war François Lenoir, Sieur de la Thorillière, ein ehemaliger Hauptmann der Kavallerie, der nicht nur ein guter Schauspieler war, sondern auch große Geschäftserfahrung hatte, so daß Molière ihm einige Verwaltungsaufgaben übertrug, und der zweite der glänzende Komiker Guillaume Marcoureau, Sieur de Brécourt. Dieser war zugleich Dramatiker und galt überdies als gefährlicher Raufbold, der schon mehrere schlimme Duellaffären hinter sich hatte.

Nach Ostern 1662 lief die Saison ruhig an, denn das Publikum hatte Molières erste Stücke schon gesehen, und die Einnahmen gingen zurück. Eine gewisse Belebung brachten nur ›Die Schule der Ehemänner‹ und Boyers Stück ›Tonaxare‹. So war es bis Dezember, dann erschien Molières neues Stück, die fünfaktige Komödie ›Die Schule der Frauen‹.

Dieses Stück trat wie auch ›Die Schule der Ehemänner‹ für den Schutz der Frauen und ihres Rechtes auf freie Wahl in der Liebe ein und erzählte die Geschichte des eifersüchtigen Despoten Arnulf, der die junge Agnes heiraten will. In dem Stück, das reich ist an komischen Situationen, klang zum erstenmal in der Rolle Arnulfs klirrend ein bitteres Motiv mit.

Als die junge Agnes gegen Ende des Stücks siegt und mit ihrem Liebhaber weggeht, wird der mit abscheulichen und komischen Zügen ausgestattete Arnulf auf einmal bedauernswert und menschlich.

»Sieh meine Liebe hier, der nichts vergleichbar, Kind«, ruft er plötzlich leidenschaftlich aus, als werfe er die Maske des eifersüchtigen Despoten ab. »Willst du noch mehr Beweis? Sag, Undankbare, sage, Willst du mich weinen sehn? Willst du, daß ich mich schlage, Willst du, daß auf der Stell' ich mir das Haar ausreiß, Willst du, ich töte mich? So sag mirs, daß ichs weiß. Grausame, sieh mich hier dir völlig zu Befehle!«

Den Zuschauern fiel dieser Monolog Arnulfs auf, und man sagte, teils mitfühlend, teils schadenfroh, er spiegle Herrn Molières eigene Erlebnisse. Wenn es so ist, und leider ist es so, sieht man, wie disharmonisch das Leben in der Rue de Richelieu verlief.

›Die Schule der Frauen‹ wurde hervorragend gespielt, wobei außer Molière als Arnulf auch Brécourt in der Rolle des Dieners Hansjörg enormen Erfolg hatte ...

Die Begleitumstände der vorhergehenden Stücke Molières verblaßten gänzlich vor dem, was nach der Premiere der ›Schule der Frauen‹ geschah. Schon während der Premiere kam es zu einem Skandal. Ein gewisser Plapisson, eifriger Besucher der Pariser Salons, war über den Inhalt des Stücks zutiefst empört. Auf der Bühne sitzend, wandte er bei jedem Spaß oder Gag das wutrote Gesicht dem Parkett zu und schrie:

»Nun lacht doch, lacht!«

Dabei schwang er die Fäuste. Natürlich schwoll infolgedessen das Gelächter des Publikums bis aufs äußerste an.

Das Stück gefiel außerordentlich, zu den folgenden Vorstellungen strömte das Volk nur so herbei und brachte Rekordeinnahmen bis zu tausendfünfhundert Livres pro Abend.

Wie äußerten sich nun die Pariser Literaten und Theaterkenner zu dem neuen Stück? Ihre ersten Worte waren schwer zu verstehen, weil Molière in den Salons so heftig geschmäht wurde, daß zunächst überhaupt nichts herauszuhören war. Er hatte sich Dutzende neuer Feinde erworben. Mit großem Kummer sei hier erwähnt, daß dem entsetzlichen Gefühl bösartigen Neides auch der große Mensch und Schriftsteller Pierre Corneille erlag.

Was die Schauspieler des Hôtel de Bourgogne betrifft, so hatten sie nach den ersten Vorstellungen der ›Schule der Frauen‹ überhaupt kein Gesicht mehr. Aber ihre Betrübnis hatte guten Grund. Etwas Unerhörtes war geschehen: Ihre Einnahmen sanken beträchtlich, seit Molières neues Stück lief.

Da fanden sich in Paris naive Leute, die allerorts ergrimmt versicherten, Molière habe sie als Arnulf dargestellt. Das Palais-Royal hätte sie bezahlen sollen, so sehr halfen sie die Einnahmen erhöhen.

Das Stück rief also ein Wutgeheul hervor, in dem die vereinzelten Stimmen von Molières Freunden, an fünf Fingern abzuzählen, fast völlig untergingen. Die einzige Stimme, die laut erschallte, war die des talentierten Denkers und Literaten Boileau-Despréaux:

Mag das Schimpfen deiner Neider
Strömen wie ein trüber Fluß.
Deine reizende Komödie
Tausend Jahre leben muß!

Es wurde immer schlimmer. Der junge Literat Jean Donneau de Visé schrieb als erster über die ›Schule der Frauen‹. Sein Artikel zeigt, daß er beim Schreiben innerlich zerrissen war. Er wollte vor allem sagen, daß die Komödie keinen Erfolg haben konnte, aber das war nicht gut möglich, denn sie hatte donnernden Erfolg. Darum sagte er, der Erfolg rühre daher, daß die Schauspieler hervorragend agierten, woraus man ersehen mag, daß de Visé kein Dummer war. Weiterhin teilte er mit, er sei betrübt über die vielen Unanständigkeiten in der Komödie, und bemerkte beiläufig, die Intrige sei schlecht gemacht. Da aber de Visé wie gesagt kein Dummer war, mußte er zugeben, daß es in dem Stück auch Gutes gab und einige Typen so markant geraten seien, als habe Molière sie mitten aus dem Leben genommen.

Das wohl Wichtigste aber sagte de Visé am Schluß des Artikels: In Kürze werde das Hôtel de Bourgogne ein neues Stück herausbringen, das sich mit Molières ›Schule‹ befasse. Dies war so geschickt formuliert, daß jeder in dem ungenannten Autor sogleich Herrn de Visé vermutete.

Wie verhielt sich Molière in dieser Zeit? Vor allem widmete er die ›Schule‹ der Gattin seines Gönners, des Königsbruders, Prinzessin Henriette von England, und goß nach seiner Gewohnheit einen Kübel Schmeicheleien über sie aus. Dann aber machte er einen verhängnisvollen Fehler. Er vergaß, daß ein Schriftsteller sich nie in öffentliche Diskussionen über seine Werke einlassen darf, und entschloß sich, zur Raserei gebracht, seine Feinde anzugreifen. Da er die Bühne beherrschte, führte er seinen Schlag von der Bühne herab, indem er ein kleines Stück schrieb. Es hieß ›Die Kritik der ‚Schule der Frauen'‹ und wurde im Juni 1663 aufgeführt.

Dieses Stück, in dem Armande Molière als erste große Rolle die Elise spielte, stellt in komischer Form Molières Kritiker dar.

Molière ging den streng vorgezeichneten Weg, sich stets den Rücken bei Hofe frei zu halten, und widmete das Stück in höchst schmeichelhaften Ausdrücken der Königin-Mutter Anna von Österreich, die ihm jedoch in der Folgezeit nur wenig half.

Das Publikum erkannte mit größter Begeisterung in der Gestalt des Lysidas Herrn de Visé; manche allerdings schrien, das sei nicht de Visé, sondern haargenau Herr Edme Boursault, ebenfalls Literat und wütender Schmäher Molières.

Nach der Aufführung der ›Kritik‹ hörte de Visé die Engel singen und kam mit seinem angekündigten Stück heraus. Es trug den verschraubten Titel ›Zélinde oder Die wirkliche Kritik der ‚Schule der Frauen' oder Die Kritik der Kritik‹ und stellte einen gewissen Élomire (ein Anagramm des Namens Molière) dar, der in einer Spitzenhandlung fremde Gespräche belauscht. Das Hôtel de Bourgogne wollte das Stück gern aufführen, aber das ging nicht an, denn es erwies sich bei näherem Hinsehen als höherer Blödsinn, und de Visé beschränkte sich darauf, es drucken zu lassen und in Paris zu verteilen. Dabei wurde deutlich, daß das Stück weniger Kritik als ganz gewöhnliche Zuträgerei enthielt.

De Visé teilte mit, die zehn altertümlichen Belehrungen in Versen, die Arnulf vor der geplanten Heirat seiner Agnes erteilt, seien nichts andres als eine deutliche Parodie auf die biblischen zehn Gebote. Man sieht, er machte Herrn de Molière einen schwerwiegenden Vorwurf.

»Dieser Schuft!« zischte Molière und faßte sich an den Kopf. »Erstens sind es nicht zehn! Arnulf beginnt doch eine elfte!«

Und in seinem Kopf kreisten die Anfangszeilen von Arnulfs Belehrungen:

> So, mach dein Kompliment! Wie die Noviz im Orden
> Im voraus lernen muß, was ihr zur Pflicht geworden,
> So lerne du die Pflicht, die deinen Stand betrifft.

»Er beginnt eine elfte!« sagte Molière zu seinen Schauspielern.

»Das stimmt«, antworteten sie leise, »aber er sagt kein Wort außer: Elfte Regel. Lieber Maître, da weiß man genau, daß es zehn sind.«

Ich möchte hinzufügen, es ist ein großes Glück, daß de Visé offensichtlich nicht gewußt hat, von wo Molière diese zehn Eheregeln entliehen hat. Er hatte sie den Werken der heiligen Kirchenväter entnommen!

Die Ereignisse nahmen ihren rapiden Lauf, und der Haß der Literaten auf Molière loderte immer heftiger. Ein Grund dafür war, daß der König nach der Premiere der ›Schule der Frauen‹ Molière mit einer Rente von eintausend Livres jährlich für seine Verdienste als großer Komödienschreiber belohnte. Die Rente war nicht hoch, denn gewöhnlich erhielten Gelehrte und Literaten weit mehr, doch sie spielte trotzdem ihre Rolle.

Die Beziehungen zwischen Corneille und Molière zerbrachen. Daran war freilich nicht so sehr die Rente schuld wie vielmehr der Riesenerfolg der ›Schule‹ und noch ein kleiner Umstand: Molière hatte ohne jeden bösen Hintergedanken und nur spaßeshalber eine Verszeile aus Corneilles Tragödie ›Sertorius‹ ins Finale des 2. Aktes der ›Schule‹ übernommen und sie Arnulf in den Mund gelegt, so daß sie spaßig klang. Man sollte denken, diese Kleinigkeit (Arnulf sagte zu Agnes die Worte des Pompejus: »Ich sags! Ich bin der Herr! Gehorche!«) tat Corneille keinerlei Abbruch, doch er war sehr böse, daß Molière so mit seinen tragischen Versen umging.

Weiterhin mußte Molière noch schlimmere Lehren hinnehmen. In der höchsten Gesellschaft wurde geredet, Molière habe in seiner ›Kritik‹ zwei Personen lächerlich gemacht: den Ritter des Malteserordens Jacques de Souvré und den Herzog de la Feuillade, Marschall von Frankreich und Kommandant eines französischen Garderegiments. Mit Jacques de Souvré ging die Sache noch glimpflich ab, aber mit de la Feuillade endete es übel.

Dieser, von allen Seiten aufgestachelt, war zuletzt überzeugt, er sei der Marquis, der in dem Stück stumpf und entrüstet immer wieder das Wörtchen »Kuchenschnitz« brabbelt, und fügte Molière im Zorn eine schwere Beleidigung zu. Als er den Dramatiker eines Tages in der Galerie von Versailles traf, tat er, als wolle er ihn freundschaftlich umarmen, umfaßte ihn, drückte ihn an sich und kratzte ihm mit den Edelsteinknöpfen seines Rocks das ganze Gesicht blutig.

Bitter zu denken, daß Molière dem Herzog die Beleidigung in keiner Weise heimzahlte. Ob er eingeschüchtert war oder ob der Standesunterschied zwischen dem Komödianten und dem Herzog eine Rolle spielte oder vielleicht die Furcht vor dem Unwillen des Königs, der Duelle grausam ahndete (auch Molière machte sich in seinen Komödien ständig über Duellanten lustig), jedenfalls forderte Molière den Herzog nicht. Im übrigen wäre seine Tätigkeit dann wohl für immer zu Ende gewesen, denn de la Feuillade hätte ihn zweifellos getötet.

De Visés Stück wurde von den Burgundern nicht aufgeführt, aber der zweite von Molière in der ›Kritik‹ verspottete Literat Edme Boursault hatte mehr Glück. Sein Stück ›Das Bild des Malers oder Die Gegenkritik der ‚Schule der Frauen'‹ kam auf die Bühne. Boursault stellte darin Molière als höchst zweifelhafte Person dar und erwähnte wie de Visé die zehn Regeln. Aber den König ließen die Berichte über die Regeln gleichgültig, und in Paris sprach sich herum, er verfolge mit großem Interesse den Krieg zwischen Molière und der Phalanx seiner Feinde und habe Molière sogar geraten, seine Feinde noch einmal von der Bühne herab zu attackieren. Ach, es war ein schlechter Rat!

Molière schrieb das Stück ›Das Stegreifspiel von Versailles‹ und führte es am 14. Oktober 1663 auf. Darin stellte er auf der Bühne die Probe eines Stücks für den König dar, und die Schauspieler des Palais-Royal spielten sich selbst. Aber diese Probe war für Molière nur ein Vorwand, seine Feinde, die Burgunder, hochzunehmen.

Es wurde nämlich über den beleidigten Komödianten mit dem zerkratzten Gesicht immer übler gesprochen. Daß Molières Ehe unglücklich war, wußte man natürlich längst in Paris. Klatscher setzten das Gerücht in die Welt, Armande betrüge ihren Mann seit langem. Molières schmerzliches Geheimnis bestand darin, daß er, der die Sganarells und Arnulfs verspottete, selber krankhaft eifersüchtig war. Man kann sich ausmalen, wie ihn das Gerede peinigte, das ihn der allgemeinen Schande preisgab. Da er die Burgunder für schuldig hielt, machte er sich im ›Stegreifspiel von Versailles‹ grausam über sie lustig.

»Und wer spielt bei euch die Könige?« fragt Molière, sich selber spielend. »Wie? Dieser schlanke junge Mensch? Ihr spottet wohl? Ich brauche einen König, der dick und fett ist wie ihrer viere, einen König, zum Donnerwetter, der gehörig vollgestopft ist, einen König von gewaltigem Umfang, der einen Thron ganz und gar auszufüllen vermag.«

Es wäre nicht nötig gewesen, die körperlichen Mängel Zacharie Montfleurys zu verhöhnen!

Im weiteren wird die Deklamationsweise der Schauspielerin Beauchâteau und der Schauspieler Hauteroche und Villiers verspottet.

Beiläufig attackierte Molière auch die Marquis, über die er sich folgendermaßen äußerte:

»Wie man in allen alten Komödien immer den närrischen Diener hat, der die Zuschauer lachen macht, ebenso muß man in allen unsern heutigen Stücken einen lächerlichen Marquis haben, der die Gesellschaft belustigt.«

Sodann griff er auch Edme Boursault an, indem er ihn im ›Stegreifspiel‹ als ganz obskuren Schriftsteller bezeichnete. Nein, es war zweifellos kein guter Rat, den ihm der König gegeben hatte. Aber unser Held fühlte sich offensichtlich wie ein einsamer Wolf, der hinter sich den Atem flinker Hunde auf der Wolfshatz spürt.

Einmütig fiel man über den Wolf her: Villiers schrieb gemeinsam mit de Visé das Stück ›Die Rache der Marquis‹ und der wegen seines alten Vaters tödlich beleidigte Montfleury junior, Jean-Antoine Jacob, verfaßte das Stück ›Das Stegreifspiel des Hôtel de Condé‹.

In der ›Rache der Marquis‹ machte man es sich mit Molière schon sehr einfach, indem man ihn einen Affen und Hahnrei, einen leeren Schwätzer nannte, der anderen Autoren die Gedanken stehle, und im ›Stegreifspiel‹ zahlte der junge Montfleury Molière heim, was dieser seinem Vater angetan hatte: Er verlästerte Molières Gestaltung des Cäsar, nicht ohne Grund, denn wir wissen, daß Molière in dieser Rolle sehr schlecht war.

Dann schloß sich das Marais-Theater der Hatz an und zog ebenfalls in einem Stück über Molière her.

Zu guter Letzt schrieb ein gewisser Philippe de la Croix ein Werk unter dem Titel ›Der komische Krieg oder Die Verteidigung der ‚Schule der Frauen'‹, in dem er zu Recht bemerkte, daß Schriftsteller und Schauspieler, wenn Apollo im Himmel schlummere, einander bissen wie Hunde. De la Croix ließ übrigens Apollo sagen, das Stück, um dessentwillen der Krieg ausgebrochen war, nämlich die ›Schule der Frauen‹, sei ein treffliches Stück.

Das Unglücksjahr 1663 endete mit einer finsteren Tat des erbitterten alten Montfleury, der dem König in einer formellen Anzeige mitteilte, Molière habe seine eigene Tochter geehelicht.

Diese Anzeige schmetterte Molière völlig nieder, und wir wissen nicht, was er dem König darlegte, um eine Anklage wegen Blutschande von sich abzuwenden, aber es gibt keinen Zweifel, daß er Rede und Antwort stehen mußte. Wahrscheinlich legte er die Akten vor, in denen Armande Béjart als Tochter der Marie Hervé-Béjart figurierte. Der König befand Molières Argumente für überzeugend, es kam zu keinem Prozeß, und so schlief der große Krieg zwischen Molière und seinen Feinden allmählich ein.

Mein Held ging krank, verdächtig hustend, müde und in einer seltsamen Geistesverfassung daraus hervor, und erst später kam man darauf, daß dieser Zustand in der Medizin die eindrucksvolle Bezeichnung Hypochondrie führt. Doch auf seinen Schultern trug er zwei unbedeutende Schriftsteller in die Ewigkeit: de Visé und Edme Boursault. Beide hatten sich nach Ruhm gesehnt und wurden dank Molière seiner teilhaftig. Hätte er nicht den Kampf gegen sie aufgenommen, so wüßten wir kaum etwas von ihnen und von vielen anderen.

20
Der ägyptische Gevatter

Vom Wurm der Schwermut zernagt, mit den Narben von de la Feuillades Knöpfen im Gesicht, trat Molière in voller Blüte seines Ruhmes in das Jahr 1664, und sein Ruhm flog hinaus über Frankreichs Grenzen, überstieg die Alpen und verbreitete sich in anderen Ländern.

Wie unglücklich Molières Ehe auch war, am 19. Januar 1664 wurde ein Knabe geboren. In der Zeit zwischen der Geburt und der Taufe des Kindes studierte Molière seine neue Komödie

›Die erzwungene Heirat‹ ein und führte sie auf. Dies war eigentlich ein einaktiges Stück, aber Molière, der des Königs Vorliebe fürs Ballett kannte, führte eine Anzahl Tanznummern ein und erweiterte es auf drei Akte.

Ein Namensvetter Molières, der aus Florenz stammende talentierte Hofkomponist Giovanni Baptiste Lulli, schrieb die Musik für die ›Heirat‹, und der Königliche Ballettmeister Beauchamps studierte die Tänze ein. Das Stück erforderte eine komplizierte Ausstattung, die viel Geld kostete, aber dieses Geld war nicht hinausgeworfen.

Dem König zu Gefallen hatte Molière den Ballettteil eingeführt, und sich selber zu Gefallen führte er zwei komische Philosophen ein. Der alte Clermont-Schüler, der den Unterricht beim verstorbenen Gassendi nicht vergessen hatte, schuf zwei gelehrte Holzköpfe: Pankratius von der aristotelischen Schule und Marphurius von der Schule des antiken Skeptikers Pyrrhon.

Der erste, über den sich das Publikum halbtot lachte, redete wilden Blödsinn daher. Der zweite war wortkarg und so skeptisch, daß er Sganarell empfahl, selbst an Dingen zu zweifeln, an denen kein Mensch mit Augen im Kopf zweifeln kann. So sollte Sganarell, wenn er irgendwo hinkam, nicht sagen »ich bin gekommen«, sondern »ich glaube, daß ich gekommen bin«, was ihn natürlich bei seinem gesunden Menschenverstand zu Recht verwunderte.

Zwei köstliche Szenen mit diesen beiden Pedanten verärgerten die Pariser Philosophische Fakultät, und es ist unbegreiflich, warum das nicht zu einem Riesenskandal führte, denn, wie ich schon sagte, der Spott über die aristotelische Philosophenschule war sehr gefährlich.

Der Anlaß für die Abfassung der ›Erzwungenen Heirat‹ kann ein Abenteuer des Grafen Philibert de Grammont gewesen sein, das kurz zuvor in Paris viel Staub aufgewirbelt hatte. Dieser Graf erfreute sich bei den Damen solch außerordentlicher Erfolge, daß die Schilderungen seiner Abenteuer dem König endlich lästig wurden und er de Grammont für einige Zeit nach England schickte. Aber der Graf war kaum in England angelangt, als er schon das Herz eines Fräuleins Hamilton gewann.

Die Londoner Gesellschaft, die de Grammont nicht kannte, sprach davon, er würde heiraten. Als jedoch die Zeit gekommen war, rüstete der Graf zur Rückreise nach Frankreich und sprach beim Abschied von dem Fräulein nicht ein Wort, aus dem hervorgegangen wäre, daß er zu heiraten gedächte.

Der Graf war bereits im Hafen von Dover und wollte soeben das Schiff besteigen, als plötzlich auf der Landungsbrücke die beiden Brüder von Fräulein Hamilton erschienen. Ein Blick genügte dem Grafen, um sich zu überzeugen, daß die Brüder ein ernstes Unternehmen vorhatten: Unter ihren Mänteln schauten nicht nur Degenspitzen hervor, wie es sich gehörte; sie trugen überdies Pistolen bei sich. Die Brüder begrüßten de Grammont außerordentlich höflich.

»Graf«, sagte der ältere, »habt Ihr vielleicht etwas in London vergessen?«

Der Graf spürte den Wind, der so kräftig in Richtung Heimat blies, warf einen Blick auf die Schiffstakelage und auf die Pistolen und dachte: Nein, kein Zweifel, selbst wenn ich den älteren über den Haufen schieße, muß ich mich sogleich mit dem jüngeren schlagen. Das führt zu einem lästigen Getümmel im Hafen, und was das Schlimmste ist, es würde Seine Majestät über die Maßen verstimmen. Und schließlich ist Fräulein Hamilton bezaubernd ...

Und der Graf gab den Hamiltons höflich zur Antwort: »Ja, meine Herren, ich habe vergessen, Eure Schwester zu heiraten. Aber ich kehre auf der Stelle nach London zurück, um dieses Versäumnis nachzuholen.«

Kurze Zeit später war de Grammont verheiratet.

Es ist aber auch möglich, daß Molière den Stoff für seine Komödie nicht den Abenteuern des Philibert de Grammont entnahm, sondern dem Werk des berühmten Satirikers Rabelais, der die Abenteuer eines gewissen Panurg beschreibt.

Die prachtvolle Ballettkomödie wurde am 29. Januar mit großem Glanz in den königlichen Gemächern des Louvre aufgeführt. In einem Ballettauftritt des zweiten Aktes tanzte den Ersten Ägypter als Partner des Marquis de Villeroi der König von Frankreich. So sehr liebte er das Ballett! Außer dem König wirkte auch sein Bruder mit, er spielte einen Verehrer der Frau Sganarells, drei Höflinge traten als Zigeuner und vier als Teufel auf. Alle Welt versicherte, niemand habe besser gespielt als der Erste Ägypter. Wir schweigen dazu, hegen aber insgeheim die Vermutung, daß am besten Molière als Sganarell, Brécourt als Pankratius und du Croisy als Marphurius waren.

Vom Louvre wanderte das Stück in seiner einaktigen Form,

ohne das kostspielige Ballett, auf die heimatliche Bühne im Palais-Royal, hatte aber keinen sonderlichen Erfolg.

Der König spendierte sich noch einmal den Genuß seiner Lieblingskunst, indem er am 13. Februar in einem anderen Ballett tanzte. Es wurde von den vor Mißgunst auf Molière vergehenden Burgundern für ihn aufgeführt, und im Prolog zum Ballett wirkten die berühmte Deshayes und Floridor mit. Molière kehrte zu seinem laufenden Repertoire und zu seinen Familienangelegenheiten zurück.

Es gab da düstere Geheimnisse und traurige Vorfälle, und nur der Lichterglanz in der Kirche St.-Germain l'Auxerrois am 28. Februar zerstreute ein wenig die Finsternis des Lebens von Molière, der sich im Zustand der Melancholie befand. An diesem Tag wurde sein Erstgeborener getauft. Die Zeremonie war außergewöhnlich üppig und festlich ausgeschmückt. Beim Taufbecken stand ein Gardesoldat mit langer Hellebarde, und das Antlitz des Geistlichen war von ungewöhnlicher Begeisterung überstrahlt. Das kam daher, daß der Taufpate des Kindes der König von Frankreich war. Im Namen des großen Gevatters war der Herzog de Créqui erschienen, und die hochmögende Gevatterin Henriette, Herzogin d'Orléans, ließ sich von der Gattin des Marschalls du Plessis vertreten. Das Kind wurde selbstverständlich auf den Namen Ludwig getauft.

Die Taufe machte großen Eindruck in Paris, und die Schmähungen gegen Molière flauten ab. Jedermann wähnte des Königs Schatten hinter dem Theaterdirektor zu erkennen, und viele, die sich gern auf die Seite des Siegers schlugen, erzählten hingerissen, Montfleury sei mit seiner Anzeige bei Hofe nicht einmal angehört, sondern nachgerade am Kragen gepackt und hinausgeworfen worden.

Unterdessen zog Molière, was vielen sonderbar vorkam, aus der Wohnung in der Rue de Richelieu mit seiner Frau wieder in die frühere Wohnung, Place-Royale Ecke Rue St.-Thomas-du-Louvre, und lebte nun im selben Hause mit Madelaine Béjart und Madame de Brie. Nach dem Umzug arbeitete er trotz seines hinfälligen Seelenzustandes intensiv an einem neuen großen Werk. Diese Arbeit tat er heimlich, und nur sehr wenige wußten davon. Zu ihnen gehörten der berühmte Dichter und Kritiker Boileau-Despréaux, den trotz des großen Altersunterschieds (vierzehn Jahre jünger als Molière) eine enge Freundschaft mit meinem Helden verband, und eine der klügsten und interessantesten Frauen Frankreichs, Ninon de Lenclos, französische Aspasia genannt, in deren Salon Molière ohne besondere Ankündigung Auszüge aus seiner neuen Komödie vorlas.

Dem König, der die Arbeiten seines Gevatters jetzt wohlwollend verfolgte und von dessen Balletten geschmeichelt war, teilte Molière ergebenst mit, er schreibe eine große Komödie über Scheinheiligkeit und Heuchelei.

In dieser Zeit, im Frühjahr 1664, wurde das Versailler Schloß fertiggestellt, und grandiose Festlichkeiten begannen.

Durch die unüberschaubare Allee, zwischen Wänden aus gestutztem Grün, bewegte sich ein festlicher Zug, voran hoch zu Roß König Ludwig. Orchester spielten, und die Hörner schmetterten so gellend, daß es schien, man müßte sie noch zwanzig Kilometer weit in Paris hören. Zwischen den Musikkorps rollten lange Wagen, auf einem von ihnen thronte als Apollo Charles Varlet de la Grange. Auf den nächsten Wagen saßen Schauspieler in den Kostümen der zwölf Tierkreiszeichen. Da gingen und fuhren Ritter, Neger und Nymphen, unter ihnen auf einem Wagen der Waldgott Pan mit seinen Bocksfüßen, dargestellt durch Herrn de Molière.

Was hatte das alles zu bedeuten? Die Trompeten der Herolde verkündeten, das »Fest der Zauberinsel«, die große Versailler Festlichkeit, veranstaltet vom Herzog de Saint-Aignan auf Befehl des Königs, habe begonnen.

Die königlichen Gärtner hatten in das Meer des Versailler Grüns ganze Theater hineingeschnitten und sie mit Girlanden und Blumenarrangements geschmückt, Pyrotechniker hatten ein an Glanz und Explosionskraft nie gesehenes Feuerwerk vorbereitet, und Vigarini hatte die Maschinen für die Theatervorstellung gebaut.

Während der Festtage lag allabendlich bunter Lichterschein über den Versailler Gärten, krachend fielen Sterne vom Himmel, und es schien von weitem, als stehe der Wald von Versailles in Flammen.

Molière hatte fieberhaft für das Fest gearbeitet und in kurzer Frist ein Stück mit dem Titel ›Die Prinzessin von Elis‹ geschrieben, dessen Gerüst von einem spanischen Dramatiker entlehnt war. Bei der galanten und oberflächlichen Aufführung spielte Armande Molière die Rolle der Prinzessin. Der ganze Hof sah, welch großes Talent die Ehefrau des berühmten Komödianten besaß und welche Schule sie bei ihm durchlaufen hatte. Ihr Spiel begeisterte alle, und die Hofkavaliere umdrängten scharenweise die witzige, spitzzüngige Frau in dem gold- und silbergestickten zitronengelben Seidenkleid.

Dem König gefiel ›Die Prinzessin von Elis‹ sehr, doch ihrem Autor brachte sie neuen Kummer. Die durch Jugend, Schönheit und Reichtum gefährlichen Kavaliere vergällten ihm das Fest. Schon am ersten Tag gab es Klatsch über seine Frau. Das Gerede drang als giftiges Mitleid oder unschöne Anspielung zu ihm, doch er schnappte nicht mehr zurück, sondern fletschte nur noch wölfisch die gelben Zähne. Offensichtlich war er nach dem vorjährigen Krieg mit den Burgundern schon vieles gewohnt und wunderte sich nicht mehr, daß er wie ein Nackter zwischen den Menschen einherging. Außerdem traf ihn ein Unglück: Sein Sohn Ludwig, der königliche Täufling, starb gleich nach der Premiere der ›Prinzessin von Elis‹.

Die Festlichkeiten nahmen ihren Fortgang, in den Blumentheatern klangen Lullis Melodien, Feuer tropfte vom Himmel, und dann kam der verhängnisvolle sechste Tag des Festes. An diesem 12. Mai zeigte Molière, nachdem er den König hatte wissen lassen, sein Stück sei noch nicht fertig, dem Hof die ersten drei Akte jenes geheimnisvollen Stücks über die Scheinheiligkeit, das sich ›Tartuffe oder Der Heuchler‹ nannte.

Ich mache es kurz. Das Stück stellt einen vollendeten Gauner, Lügner, Tunichtgut, Zuträger und Spion, Heuchler, Wüstling und Verführer fremder Ehefrauen dar. Dieser Mensch, höchst gefährlich für seine Umgebung, war ein Geistlicher. Seine Reden strotzten von süßlich frommen Wendungen, mehr noch, seine gemeinen Taten waren auf Schritt und Tritt von Zitaten aus der Heiligen Schrift begleitet!

Dem noch etwas hinzuzufügen, halte ich nicht für nötig. Die Vorstellung lief in Anwesenheit des Königs, der sehr religiösen Königin-Mutter und zahlreicher Höflinge, von denen viele eifrige Mitglieder der geistlichen Gesellschaft Compagnie du Saint-Sacrement waren, der sogenannten Kabale der Scheinheiligen. Diese hatte früher viel von sich reden gemacht und eine so intensive Tätigkeit zum Schutz der Religion und der Sittenreinheit im Staat entfaltet, daß die Regierung sie eine Zeitlang sogar hatte auflösen wollen.

Die Vorstellung des ›Tartuffe‹ begann unter allgemeiner begeisterter und wohlwollender Aufmerksamkeit, die jedoch sehr bald größter Bestürzung wich. Am Ende des dritten Aktes wußte das Publikum schon nicht mehr, was es denken sollte, und einigen kam sogar der Gedanke, Herr de Molière sei vielleicht nicht recht bei Trost.

Gewiß, unter den geistlichen Herren gab es die unmöglichsten Typen, zum Beispiel jenen Abbé Roquette, der später Bischof von Autun wurde und den Molière in der unvergeßlichen Languedoc-Zeit gekannt hatte, als jener sich vor der ganzen Gemeinde durch sein gräßliches Benehmen hervortat, oder den ehemaligen Advokaten Charpy, der Prediger geworden war und die Frau des Hofapothekers verführte, oder den berühmten Franziskanerpater aus Bordeaux, der während der Fronde unerhörten Verrat begangen hatte, und noch manche andere. Aber trotzdem, so etwas auf die Bühne zu bringen, nein, das fanden alle nun doch unerhört!

Die leidgeprüften höfischen Marquis waren es schon gewohnt, daß der König sie Molière gleichsam zum Fraß vorwarf. Die Sganarells, die Krämer hatten erhalten, was ihnen zukam. Aber mit dem ›Tartuffe‹ war Molière in ein Gebiet vorgedrungen, dem er besser ferngeblieben wäre.

Die Empörung verbreitete sich rasch und äußerte sich in Grabesschweigen. Etwas ganz Unerhörtes war geschehen. Der Komödiant aus dem Palais-Royal hatte mit einem einzigen Federstrich das Versailler Fest verdorben: Die Königin-Mutter reiste demonstrativ ab.

Die Ereignisse spitzten sich zu. Vor dem König erschien ein feuerroter Bischofsmantel: Der Erzbischof von Paris, Kardinal Hardouin de Beaumont de Péréfixe, beschwor den König, den ›Tartuffe‹ sofort zu verbieten. Die Kabale der Scheinheiligen sprach nur noch davon, daß Molière zu gefährlich sei. Es war der erste und vielleicht einzige Fall im Leben des Königs, daß er sich nach einer Theatervorstellung bestürzt fühlte.

Dann kam der Moment, in dem die beiden Gevatter unter vier Augen waren. Eine Weile maßen sie sich schweigend. Ludwig, der sich seit seiner Kindheit knapp und klar auszudrücken pflegte, spürte, daß ihm die Worte nicht von der Zunge wollten. Mit vorgeschobener Unterlippe betrachtete er von der Seite her den bleichen Komödianten, und in seinem Kopf muß etwa der Gedanke gekreist haben, daß dieser Herr de Molière eine recht interessante Erscheinung sei.

Sein Gevatter, der Komödiant, erlaubte sich zu sagen: »Ich bitte Eure Majestät ergebenst um Erlaubnis, den ›Tartuffe‹ aufzuführen.

Der königliche Gevatter zeigte sich verblüfft.

»Aber Herr de Molière«, sagte er und blickte seinem Gesprächspartner neugierig in die Augen, »alle Welt behauptet einmütig, Euer Stück verspotte Religion und Frömmigkeit.«
»Ich wage Eurer Majestät zu erwidern«, antwortete sein Gevatter herzlich, »daß es wahre und falsche Frömmigkeit gibt.«
»Das ist richtig«, versetzte der König und ließ kein Auge von Molière, »aber alle Welt behauptet, verzeiht mir die Offenheit, in Eurem Stück sei nicht zu unterscheiden, welche Frömmigkeit Ihr verlacht, die wahre oder die falsche. Entschuldigt schon, ich bin kein Kenner dieser Probleme«, fügte er gemessen hinzu.
Schweigen. Dann sagte Ludwig: »Ich muß Euch bitten, dieses Stück nicht zu spielen.«
Nachdem das Fest also mit einem Mißton ausgeklungen war, begab sich der König am 16. Mai nach Fontainebleau. Ihm folgte Molière, und diesem wiederum folgte, immer größere Blüten treibend, die Geschichte des ›Tartuffe‹.
In Fontainebleau war bei einer Vorstellung der ›Prinzessin von Elis‹ der Legat des römischen Papstes anwesend, der mit ihm verwandte Kardinal Chigi, der zu Verhandlungen nach Frankreich gekommen war. Das Stück gefiel ihm, und Molière arrangierte es, daß der Kardinal ihn einlud, ihm den ›Tartuffe‹ vorzulesen. Dies tat Molière, und der päpstliche Legat erklärte zur allgemeinen Verwunderung liebenswürdig, er sehe in der Komödie nichts Inakzeptables und keine Beleidigung der Religion. Diese Beurteilung des Kardinals beflügelte Molière, und ihm gaukelte schon die Möglichkeit vor, beim Heiligen Stuhl Unterstützung für sein Stück zu finden. Aber dazu kam es nicht. Der König hatte sich in Fontainebleau noch nicht richtig eingelebt, als ihm ein eiligst in Paris gedrucktes Werk des Pfarrers von St.-Barthélemy, Pater Pierre Roullé, überreicht wurde. Es war »An den ruhmreichsten König der Welt, Ludwig XIV.« adressiert und betraf ausschließlich den ›Tartuffe‹.

Der ehrenwerte Pfarrer war ein temperamentvoller Mann und drückte sich sehr klar aus. Nach seiner Meinung war Molière kein Mensch, sondern ein fleischgewordener und menschlich gekleideter Dämon. Pierre Roullé sprach die Ansicht aus, da dem Molière das Höllenfeuer sicher sei, brauche man es nicht abzuwarten, sondern müsse ihn vor allem Volke mitsamt seinem ›Tartuffe‹ verbrennen.

Nachdem Molière das Schreiben des Paters gelesen hatte, stellte er dem König ungesäumt eine Bittschrift zu, in der er mit verzweifelten Worten um Schutz flehte.

Ludwig XIV. konnte es nicht vertragen, wenn man ihm Ratschläge gab, wie er mit wem zu verfahren habe. Darum scheiterte Roullé mit seinem geplanten Autodafé. Mehr noch, er kam mit seinem Vorschlag sehr übel an.

Übrigens trat nach dem römischen Kardinal ein weiterer Verteidiger des ›Tartuffe‹ auf den Plan. Es war der in seinen Umgangsformen grobe und poltrige, aber sehr kluge und wißbegierige Prinz Condé. In der Zeit nämlich, als der ›Tartuffe‹ entstand, spielten die Italiener die Farce ›Scaramouche als Eremit‹, in der ein Mönch äußerst negativ dargestellt wurde. Der König, noch immer bestürzt über die Geschichte mit dem ›Tartuffe‹, äußerte nach einem Besuch des ›Scaramouche‹ zum Prinzen:

»Ich verstehe nicht, warum man sich so auf den ›Tartuffe‹ stürzt! Der ›Scaramouche‹ enthält doch noch viel schärfere Sachen.«

»Das hat folgenden Grund, Euer Majestät«, antwortete ihm Condé, »die Italiener verspotten Gott und die Religion, die beide den Herren gleichgültig sind, Molière dagegen sie selber, und das können sie nicht vertragen, Sire!«

Aber Condés Unterstützung half Molière nicht. Was tat nun der Autor des unglückseligen Stücks? Verbrannte er es? Hielt er es versteckt? Keineswegs. Nachdem er sich von den Versailler Erschütterungen erholt hatte, setzte er sich unbußfertig hin und schrieb den vierten und fünften Akt des ›Tartuffe‹.

Molières Gönner, der Herzog von Orléans, bewog ihn natürlich, den ›Tartuffe‹ für ihn zu spielen. Im Sommer führte Molière die ersten drei Akte im Schloß Villers-Cotterets auf, und als er das Stück fertig hatte, spielte er es vollständig in Raincy bei Condé.

Ja, das Stück war verboten, aber es gab keine Möglichkeit, seine Verbreitung zu unterbinden. In ganz Frankreich kursierten Abschriften. Mehr noch, auch in anderen europäischen Ländern erfuhr man davon, und die soeben zum Katholizismus konvertierte schwedische Königin Christine, die zur Zeit in Rom weilte, richtete an Frankreich die offizielle Bitte, ihr liebenswürdigerweise ein Exemplar des Stücks zu überlassen, da sie es im Ausland aufführen wolle. Das brachte die französischen Behörden in eine fatale Lage, doch sie fanden Vorwände, der Königin die Bitte abzuschlagen.

Als der kranke, hustende und beim bloßen Anblick von Menschen gereizte Molière von Fontainebleau ins Palais-Royal und zu seinen Geschäften zurückkehrte, stellte sich heraus, daß die

Einnahmen des Theaters zurückgingen. ›Die Prinzessin von Elis‹ lief zwar mit Erfolg, aber die Kosten waren zu hoch. Das Theater spielte das Stück ›La Thebaïde‹ des in Mode kommenden erstklassigen Dramatikers Jean Racine, doch es brachte nur geringe Einnahmen. Der Tod des ›Tartuffe‹ traf den Direktor in jeder Beziehung hart.

Nachdem Molière noch einen schweren Kummer erlebt hatte – der dicke Gros-René Duparc war gestorben und durch den Komiker Hubert, Spezialist für die Rolle der komischen Alten, ersetzt worden –, sann er darüber nach, was den ›Tartuffe‹ ersetzen könnte.

21
Der Blitz erschlage diesen Molière

Er vertiefte sich in das Studium spanischer Legenden. Mit seiner Frau zankend, hustend und knurrend brütete er in seinem Arbeitszimmer über Folianten und verdarb Papier. Die Gestalt des reizvollen Verführers Don Juan Tenorio erschien ihm in seinen schlaflosen Nächten und lockte ihn. Er las das Stück ›El Burlador de Sevilla y Conbidado de piedra‹ (Der Verführer von Sevilla oder Der steinerne Gast) von dem spanischen Mönch Gabriel Téllez, der unter dem Pseudonym Tirso de Molina bekannt wurde, und auch die Stücke der Italiener Cicognini und Giliberto über Don Juan, beide unter dem Titel ›Il convitato di pietra‹ (Der steinerne Gast). Das Thema war durch verschiedene Länder gegeistert und hatte auch schon Franzosen angezogen. Vor noch gar nicht langer Zeit waren in Lyon und in Paris Bearbeitungen der Don-Juan-Fassung Gilibertos gespielt worden, die eine von Dorimond, die andere von Villiers, beide infolge eines Übersetzungsfehlers unter dem Titel ›Le Festin de Pierre‹ (Das Gastmahl Peters).

Molière erwärmte sich für den Stoff und schrieb ein eigenes Stück ›Don Juan oder Das Gastmahl Pierres‹. Es gelang vorzüglich und erhielt einen phantastischen Schluß: Don Juan wurde vom Höllenfeuer verschlungen.

Die Premiere fand am 15. Februar 1665 statt. Den Don Juan spielte la Grange, seinen Diener Sganarell Molière, den Pierrot der neue Komiker Hubert, den Don Luis der lahme Béjart, den Dimanche du Croisy, den la Rameé Herr de Brie, und die beiden von Don Juan verführten Bauernmädchen Charlotte und Mathurine wurden von Madame de Brie und Armande gegeben, die schon wieder im vierten Monat schwanger war.

›Don Juan‹ brachte bereits bei der Premiere eine Kasse von eintausendachthundert Livres.

Die Einnahme stieg immer mehr und erreichte zweitausendvierhundert Livres.

Die Pariser waren über den ›Don Juan‹ erschüttert. Man hätte erwarten können, daß der Autor nach dem schweren Schlag im Zusammenhang mit dem ›Tartuffe‹ in sich ginge und dem Publikum ein Werk böte, das nicht die Grundpfeiler antastete und voll akzeptabel wäre, doch der ›Don Juan‹ erregte im Gegenteil einen noch größeren Skandal, besonders weil er von der Bühne tönte, während der ›Tartuffe‹ immerhin nur einem kleinen Kreis bekannt war.

Molières Don Juan war durch und durch Atheist, dabei aber trotz seiner Laster geistreich, furchtlos und unwiderstehlich. Seine Argumente waren stets treffsicher wie seine Degenstöße, und diesem glänzenden Freidenker hatte Molière als Opponenten nur seinen Lakai Sganarell gegenübergestellt, eine feige und erbärmliche Kreatur.

Die frommen Eiferer waren niedergeschmettert, aber ihre Niedergeschlagenheit verwandelte sich in Wut. Die ersten Artikel über den ›Don Juan‹ erschienen. Ein gewisser Barbier d'Aucour, der unter dem Pseudonym Rochemont schrieb, forderte für Herrn Molière eine exemplarische Bestrafung und erwähnte bei dieser Gelegenheit, Kaiser Augustus habe einen Narren hinrichten lassen, der sich über Jupiter lustig gemacht hatte. Überdies erinnerte er an Theodosius, der Autoren wie Molière wilden Tieren zum Fraß vorgeworfen habe.

Nach Rochemont meldete sich ein anderer Schriftsteller zu Wort und bemerkte, es wäre gut, wenn statt seines Helden den Autor der Blitz erschlage. Dann trat noch einmal, zum letztenmal, unser alter Bekannter, der fromme Prinz Conti, in Erscheinung. In seiner ›Abhandlung über die Komödie‹ und über die Schauspieler erklärte er, ›Don Juan‹ sei eine offene Schule der Gottlosigkeit, wobei zugegeben sei, daß der Prinz sehr scharfsinnig urteilte.

»Es geht doch wohl nicht an«, schrieb er, »daß Don Juan herausfordernde Reden hält und nur ein tumber Lakai die Religion und den göttlichen Ursprung in Schutz nimmt. Wie soll er seinem glänzenden Gegner widerstehen können?«

Der Wunsch, den Direktor des Palais-Royal möge der Blitz erschlagen, wurde immer häufiger geäußert. Den stärksten Eindruck in dem ganzen Stück hinterließ die tatsächlich sonderbare Szene zwischen Don Juan und dem Bettler, der auf Don Juans Frage, was er treibe, zur Antwort gibt, er bete alle Tage zu Gott um das Wohlergehen der guten Menschen, die ihm etwas gäben. Darauf antwortet Don Juan, einem Mann, der alle Tage bete, müsse es glänzend gehen. Der Bettler jedoch gesteht, in der denkbar größten Armut zu leben. Da sagt Don Juan, so schlecht würden ihm also seine Bemühungen gelohnt, und bietet ihm ein Goldstück unter der Bedingung, daß er Gott fluche. Der Bettler weigert sich, und da gibt ihm Don Juan das Goldstück »aus Liebe zur Menschheit«.

Diese Szene brachte sogar diejenigen gegen Molière auf, die ihm verhältnismäßig wohl wollten, und der Blitzschlag im Finale, mit dem der Autor seinen Helden tötet, stellte niemanden zufrieden. Kurzum, der ›Don Juan‹ lebte nicht lange auf der Bühne und wurde nach der fünfzehnten Vorstellung verboten.

Es schadet nichts hinzuzufügen, daß sich Molière infolge des ›Don Juan‹ auch mit einer ganzen Körperschaft gelehrter Männer in Paris zerstritt, nämlich mit den Ärzten, die er in der Komödie weidlich verspottete.

Nachdem sich Molière solchermaßen neue Feinde gemacht hatte, ging er in die Sauregurkenzeit. Der zermürbende Sommer zog sich freudlos in die Länge. Zu Hause gab es Streit mit der schwangeren und reizbaren Frau, und die sinkenden Einnahmen wurden mit grimmigen und fruchtlosen Schimpfreden bedacht. Die Einnahmen wieder in die Höhe zu bringen war nach dem Verlust des ›Tartuffe‹ und des ›Don Juan‹ sehr schwer.

Wenn die Stimmung unerträglich wurde, half der Wein, und von Zeit zu Zeit traf sich eine kleine Gesellschaft, bestehend aus den alten Klassenkameraden Molière und Claude Chapelle, ferner aus Lafontaine, Boileau und dem aufgehenden Stern Jean Racine, entweder in der Schenke »Zum weißen Hammel« oder im »Tannenzapfen«. Diesen Zusammenkünften präsidierte der lärmende Chapelle, der nichts auf der Welt so liebte wie einen tüchtigen Umtrunk. Es ist anzunehmen, daß man diese Gesellschaft, angeführt von Molière, kreuzte sie in unseren Tagen in einem beliebigen französischen Restaurant auf, freihalten würde!

Die Theatergeschäfte nahmen unterdes ihren Fortgang. Im

Juni wurde auf Befehl des Königs in Versailles das Stück ›Die Kokette‹ von der Dramatikerin Mademoiselle Desjardins gespielt. Die Aufführung fand in einem offenen Theater des Parks statt, und die Schauspieler waren verblüfft über die vielen Apfelsinenblüten, die das Theater schmückten.

Am 4. August gebar Armande ihrem Mann eine Tochter. Unser alter Bekannter Esprit de Rémond de Modène und Madeleine hoben sie aus der Taufe. Das Verhältnis der einstigen Liebenden war längst aus, jetzt verband sie eine stille, wehmütige Freundschaft. Nach ihnen, jetzt Gevatter und Gevatterin, wurde das Mädchen auf den Namen Esprit-Madeleine getauft.

Einige Tage nach der Geburt von Molières Tochter trat ein Ereignis ein, das die Stimmung der Truppe beträchtlich hob. An einem denkwürdigen Freitag, dem 14. August 1665, als die Truppe in Saint-Germain-en-Laye weilte, gab der König Sieur de Molière seinen allerhöchsten Entschluß bekannt: Fortan stehe die Truppe unter seinem Patronat und erhalte den Titel Königliche Schauspieltruppe im Palais-Royal. Zugleich werde ihr ein Jahresgehalt von sechstausend Livres ausgesetzt.

Der Jubel der Schauspieler war groß, und man mußte die königliche Gnade geziemend beantworten. Molière hätte das auch unverzüglich getan, wäre er nicht krank gewesen. Sein Organismus war zerrüttet. Tag und Nacht quälten ihn zermürbende Magenschmerzen, offensichtlich nervöser Art. Außerdem hustete er immer heftiger und spuckte manchmal sogar Blut. Ein Ärztekonsilium wurde zu ihm berufen.

Kaum aber fühlte sich Molière etwas besser, vollführte er ein Experiment auf dem Gebiet der Dramatik, das, und dafür kann man sich verbürgen, für alle Zeiten seinesgleichen suchen wird. Mir ist unbegreiflich, wie das möglich war: Innerhalb von fünf Tagen schrieb er eine dreiaktige Komödie mit Ballett und Prolog, studierte sie ein und führte sie auf. Das Stück hieß ›Die Liebe als Arzt‹, wurde am 15. September in Versailles gezeigt und bereitete dem König großes Vergnügen. Danach wurde es im Palais-Royal gespielt und erbrachte anständige Einnahmen. Dennoch löste es den üblichen Skandal aus.

Diesmal war die gesamte medizinische Fakultät Frankreichs aufs tiefste beleidigt, denn in dem Stück traten vier Ärzte auf, dargestellt als komplette Scharlatane.

Was hat Molière bewogen, sich mit den Ärzten zu verfeinden?

Wir wissen, daß er ständig krank war, hoffnungslos, langwierig, und immer mehr in verzehrende Hypochondrie verfiel. Er suchte Hilfe und stürzte zu den Ärzten, doch sie halfen ihm nicht. Wahrscheinlich hatte er mit seinen Angriffen auf sie recht, denn seine Zeit war eine der traurigsten in der Geschichte der Medizin, dieser großen Kunst. Die Kuren der Ärzte schlugen zumeist fehl. Was gab es da auch für Heldenstücke! Wir haben schon gesehen, wie die Ärzte Gassendi mit Aderlässen zugrunde richteten. Erst ein Jahr zuvor hatte ein Arzt einen guten Freund Molières, la Vallière, ins Jenseits befördert, indem er ihm dreimal ein Brechmittel eingab, das bei dessen Krankheit absolut kontraindiziert war. Noch früher, als Kardinal Mazarin im Sterben lag, waren seine vier Ärzte zum Gespött der Pariser geworden, weil sie ihm vier verschiedene Diagnosen stellten. Kurzum, Molières Zeit war für die Medizin eine finstere Zeit.

Was nun die äußeren Merkmale der Ärzte betrifft, so kann man sagen, daß Männer, die auf Mauleseln durch Paris ritten, düstere Kleidung trugen, sich Bärte wachsen ließen und in einem geheimnisvollen Jargon redeten, geradezu danach schrien, in einer Komödie dargestellt zu werden. In der ›Liebe als Arzt‹ brachte Molière ihrer vier auf die Bühne. Sie tragen Namen, die Boileau sich während eines vergnügten Abendessens ausgedacht hatte, wobei er sich der griechischen Sprache bediente. Der erste Arzt hieß Des Fonandrès, was soviel wie Menschenschlächter bedeutet. Der zweite heißt Bahis, der Kläffer, der dritte Macroton, der Langtönende, und der vierte schließlich Tomès, der Blutzapfer.

Es wurde ein großer Skandal, denn das Publikum erkannte in ihnen sogleich vier Hofärzte: Elie Beda Sieur des Fougerais, Jean Esprit, Guénault und Valot, wobei der letztere als des Königs Leibarzt galt. Vier Jahre nach der Aufführung dieses Stücks richtete er Henriette, die Gattin des Königsbruders, zugrunde, aber nicht mit Aderlässen, sondern mit einer Opiumtinktur, die sie nicht vertrug.

Das Konsilium der vier Scharlatane auf der Bühne begleitete ununterbrochenes Gelächter des Publikums, und so ist es kein Wunder, daß der Haß der Ärzte auf Molière nach der Aufführung des Stücks seinen Höhepunkt erreichte.

Die Einnahmen des Palais-Royal stiegen indes bedeutend. Allerdings trugen dazu auch einige Stücke anderer Autoren wesentlich bei. Unter ihnen sei Molières ehemaliger Feind Donneau de Visé erwähnt. Es war ihm endlich gelungen, ein gutes Stück zu schreiben – ›Die kokette Mutter‹. Molière söhnte sich mit ihm aus und nahm sein Stück an, und es hatte Erfolg.

Die größte Hoffnung setzte man auf das Stück ›Alexander der Große‹ von Jean Racine. Es wurde einstudiert, und die Premiere fand am 4. Dezember 1665 im Palais-Royal statt.

Aber Molières junger Freund Jean Racine beging eine Tat, die Molière sehr befremdete. Die Truppe des Palais-Royal erfuhr noch im selben Dezember zu ihrem Entsetzen, daß das Hôtel de Bourgogne mit Wissen Racines ebenfalls ›Alexander den Großen‹ probte. La Grange, der den Alexander spielte, brachte in Erfahrung, daß er mit dem berühmten Floridor würde wetteifern müssen, und der Direktor des Palais-Royal griff sich an den Kopf, denn die Einnahmen mußten infolge dieser gleichzeitigen Aufführung mit Sicherheit zurückgehen.

Als man Racine um eine Erklärung bat, warum er das bereits laufende Stück dem Konkurrenztheater gegeben habe, erwiderte er, die Aufführung des ›Alexander‹ im Palais-Royal gefalle ihm nicht, das Stück werde nach seiner Meinung im Hôtel de Bourgogne besser gespielt.

Damit war das Freundschaftsband zwischen den beiden Dramatikern wie mit dem Messer durchschnitten, und Molière verfiel in Haß auf Racine.

22
Der gallige Verliebte

> Ich flieh, um in der Welt ein Fleckchen aufzutreiben...
> ›Der Menschenfeind‹

Nach Racines Verrat wurde Molière wieder krank, und immer häufiger kam sein Hausarzt Mauvillain, der seine Sache nicht allzu schlecht gemacht zu haben scheint. Aber auch ihm fiel es schwer, Molières Krankheit genau zu bestimmen. Am richtigsten ist wohl, wenn wir sagen, Molière war von oben bis unten krank. Zweifellos peinigte ihn außer seinen körperlichen Gebrechen auch ein Gemütsleiden, das sich in beständigen Anwandlungen finsterer Laune äußerte. Ganz Paris war in seinen Augen mit einem unangenehmen Schleier überzogen. Der Kranke verkniff die Augen, hatte Gesichtszuckungen und saß aufgeplustert wie ein kranker Vogel in seinem Arbeitszimmer. Manchmal überkam ihn Gereiztheit und sogar Wut. In solchen Momenten verlor er die Beherrschung, wurde unerträglich für seine nähere Umgebung, und einmal, als ihn aus nichtigem Anlaß Raserei packte, schlug er sogar seinen Diener.

Molière zu behandeln war sehr schwer. Er bat um Medikamente, und Mauvillain verschrieb ihm bereitwillig alle möglichen Arzneien und ärztlichen Prozeduren, die der Patient jedoch nur nachlässig befolgte. Molière war übertrieben argwöhnisch, wollte selber herausbekommen, was in seinem Innern vorging, fühlte sich selber den Puls und suggerierte sich finstere Gedanken.

Im Januar 1666 fügte Racine Molière den letzten Schlag zu. Die Witwe Duparc erklärte, ins Hôtel de Bourgogne übertreten zu wollen. Molière äußerte giftig, er wundere sich überhaupt nicht, denn er begreife, daß ihr Liebhaber Racine sie locke.

Ob nun Mauvillains Medikamente halfen oder ob der Organismus selbst mit der Krankheit fertig wurde, jedenfalls kehrte Molière Ende Februar zu seiner geregelten Arbeit im Theater zurück. Während der Frühjahrsmonate schrieb er ein neues Stück und nannte es ›Der Menschenfeind oder Der gallige Verliebte‹. Es handelt von einem ehrlichen Mann, der sich gegen menschliche Verlogenheit auflehnt und demzufolge einsam ist. Molières Arzt hätte das Werk gut studieren sollen, denn es spiegelt zweifellos die Seelenverfassung seines Patienten. Aber wahrscheinlich kannte Doktor Mauvillain das Stück.

Obwohl der ›Menschenfeind‹ von Kennern als eines der stärksten Werke Molières bezeichnet wurde, hatte er beim Publikum keinen großen Erfolg. Die Premiere lief müde ab. Einer der Zuschauer, ein Bekannter Racines, gedachte diesem einen Gefallen zu tun und erzählte, er sei in der Premiere gewesen, und der ›Menschenfeind‹ sei durchgefallen. Der von Molière so gehaßte Racine gab dem schadenfrohen Menschen eine bemerkenswerte Antwort:

»So, Ihr wart dort? Ich nicht. Trotzdem glaube ich Euch nicht. Es kann nicht sein, daß Molière ein schlechtes Stück geschrieben hat. Geht hin und seht es Euch nochmals an.«

Im Zusammenhang mit dem ›Menschenfeind‹ ist eine Geschichte erwähnenswert, die Molière sehr beunruhigte. Ohne sie ist es schwer, sich einen Begriff von dem Stück zu machen. Die Pariser suchten gewohnheitsmäßig nach Porträts in dem Stück und verbreiteten das Gerücht, der Titelheld sei niemand anders als der Erzieher des Dauphin, der Herzog de Montausier. Dieses Gerücht drang sehr bald zum Herzog. Er hatte keine

Vorstellung von Molières Stück, aber er war sofort überzeugt, lächerlich dargestellt worden zu sein, geriet in Wut und erklärte, er werde Molière bei der ersten Begegnung zu Tode prügeln. Diese Äußerung wurde Molière von beflissenen Freunden hinterbracht und rief in seiner ohnehin zerrütteten Seele unbeschreibliches Entsetzen hervor.

Molière gab sich alle Mühe, dem Herzog auszuweichen, aber das Zusammentreffen war unvermeidlich. Als sich der König den ›Menschenfeind‹ ansah, erschien auch Montausier. Molière war entschlossen, in den Kulissen zu bleiben, doch als die Vorstellung zu Ende war, ließ ihn der Herzog zu sich bitten. Molière verfiel in panische Angst, und die verwunderten Boten mußten ihm versichern, Montausier beabsichtige keineswegs, ihm etwas Böses zu tun. Daraufhin erschien Molière, bleich und mit zitternden Händen, vor dem Herzog. Seine Angst verwandelte sich in Verblüffung, denn Montausier umarmte ihn, dankte ihm mit schönen Worten und erklärte, es sei ihm eine Ehre, als Original für das Porträt eines so edlen Menschen wie Alceste zu dienen. Er überhäufte den Dramatiker mit Komplimenten und behandelte ihn fortan sehr leutselig. Merkwürdig nur, daß Molière, als er seinen Alceste schuf, nicht im Traum an den Herzog gedacht hatte.

Allein trotz des Erfolgs bei Hofe und trotz der guten Qualität erbrachte das Stück im Palais-Royal keine hohen Einnahmen, und die Schauspieler setzten ihrem Direktor mit liebevollem Gebettel zu, etwas Neues zu schreiben. Sie beriefen sich darauf, daß selbst der ›Atilla‹ des greisen Pierre Corneille, der im Palais-Royal gespielt wurde, für die Zukunft nicht viel verspräche.

23
Das magische Klavizimbel

Die Schauspieler erhielten das erbetene neue Stück. Am 6. August 1666 wurde Molières neue Farce ›Der Arzt wider Willen‹ uraufgeführt. Es war eine reizende Posse, gefiel den Parisern außerordentlich und brachte schöne Einnahmen, etwa siebzehntausend Livres in der Saison. Molière selbst erklärte achselzuckend, die Posse sei Unsinn und nichts Besonderes, und man habe nicht an Possen zu denken, sondern daran, was man für das große Fest in Saint-Germain-en-Laye im Dezember vorbereiten könne. Hier sei ein wichtiges Ereignis erwähnt, das sich in diesem Jahr, einige Zeit vor dem Fest und vor dem ›Arzt wider Willen‹, zutrug.

In Frankreich existierte damals eine Kindertruppe, die den Namen Petits Comédiens dauphins trug. Sie wurde geleitet von Madame Raisin, der Gattin des Organisten Raisin. Die Truppe hatte zunächst in der Provinz gespielt und kam dann nach Paris. Der Organist war ein fähiger Erfinder. Er baute ein Klavizimbel, das verschiedene Musikstücke spielte, ohne von menschlichen Händen berührt zu werden, also gewissermaßen ein magisches Klavizimbel. Es versteht sich von selbst, daß das Publikum über das Zauberinstrument höchlich verblüfft war. Daraufhin wurde befohlen, das Klavizimbel im Schloß vorzuführen, denn der König hatte davon gehört. Die Vorführung ging peinlich aus. Bei den ersten Tönen des von selbst spielenden Instruments fiel die Königin in Ohnmacht. Der König, den zweifelhafte Wunder schwerlich beeindrucken konnten, ließ das Instrument öffnen, und vor den Augen der verdutzten Zuschauer wurde aus dem Klavizimbel ein zusammengekrümmter, erschöpfter und sehr schmutziger Bengel herausgezogen, der auf einer inneren Klaviatur gespielt hatte.

Der Bengel hieß Michel Baron. Er war der Sohn eines verstorbenen Komödianten des Hôtel de Bourgogne, André Baron, und gehörte zur Kindertruppe der Madame Raisin. Die Kinder hatten einige Vorstellungen im Palais-Royal gegeben, und dabei war der dreizehnjährige Waisenknabe Baron durch große Schönheit aufgefallen und überdies durch ein schauspielerisches Talent, das seinesgleichen suchte.

Molière versicherte jedermann, dies sei der künftige Stern des französischen Theaters. Er holte Baron von Madame Raisin weg und nahm ihn zur weiteren Erziehung in sein Haus auf. Der einsame und kranke Direktor, der mit seiner Frau nur noch die Wohnung und die Theatergeschäfte gemeinsam hatte, schloß sich eng an den begabten Jungen an. Er verwöhnte ihn wie einen Sohn, bemühte sich, seinen frechen und heftigen Charakter zu mildern, und lehrte ihn die Theaterkunst, wobei er in kurzer Zeit gute Ergebnisse erzielte.

Barons Aufenthalt in Molières Haus wurde dadurch kompliziert, daß Armande ihn nicht mochte, vielleicht weil Molière eigens für ihn die Rolle des Myrtil in der heroischen Pastorale

›Mélicerte‹ schrieb, die er für das Dezemberfest des Königs vorbereitete.

Das Fest trug den Namen »Musenballett« und begann im Dezember in Saint-Germain-en-Laye. Das große Ballett, zu dem Isaac de Benserade das Libretto geschrieben hatte, erhielt viel Beifall, zumal der König und mit ihm Mademoiselle la Vallière darin tanzten. Die eigentliche ›Mélicerte‹ konnte wegen eines Streits zwischen Armande und Baron nur ein einziges Mal gespielt werden. Armande, maßlos in Wut über Barons dreistes Benehmen oder darüber, daß sie in der ›Mélicerte‹ nur die kleine Rolle der Schäferin Eroxena spielte und somit in den Hintergrund trat, versetzte ihm kurz vor der Vorstellung eine Ohrfeige.

Der Junge, stolz wie der Satan, stürzte zu Molière und erklärte entschlossen, er verlasse die Truppe. Molière weinte fast und beschwor ihn zu bleiben, aber Baron beharrte auf seinem Entschluß, und nur mit Mühe gelang es dem Direktor, ihn zu überreden, wenigstens nicht die Premiere platzen zu lassen und den Myrtil zu spielen. Baron willigte ein und spielte ihn ein einziges Mal. Danach hatte er die Kühnheit, den König aufzusuchen, er beschwerte sich über Armande und bat Seine Majestät um Erlaubnis, Molières Truppe zu verlassen.

Der König erlaubte es ihm, und Baron kehrte in seinen Urzustand zurück, das heißt, er ging wieder zu Madame Raisin.

Molière war unbeschreiblich traurig. Den Myrtil konnte niemand anders spielen, er mußte die ›Mélicerte‹ absetzen und schrieb in kurzer Zeit eine nichtige Pastorale mit dem Titel ›Korydon‹. Darin kamen tanzende Zigeuner, Zauberer, Dämonen und ähnliche Gestalten vor. ›Korydon‹ wurde ebenfalls im Rahmen des »Musenballetts« aufgeführt, aber sein einziger Vorzug war die anmutige Musik von Lulli.

Außer dem ›Korydon‹ steuerte Molière zu dem Fest noch ein drittes Werk bei, die einaktige Ballettkomödie ›Der Sizilianer oder Die Liebe als Maler‹, die am 5. Januar 1667 aufgeführt wurde.

Nach dem Fest von Saint-Germain-en-Laye legte sich Molière ernstlich krank zu Bett: er hatte Lungenblutungen. Seine Freunde waren zutiefst beunruhigt, und die Ärzte empfahlen Molière, sofort Paris zu verlassen. Dies war ein guter Rat. Molière wurde aufs Land gefahren und richtig behandelt – er mußte viel Milch trinken. Bis zum Juni brachte man ihn wieder auf die Beine, so daß er ins Theater zurückkehren und in der Sommersaison spielen konnte.

24
Auferstehung und erneuter Tod

> Seltsam, daß unsere Komiker nie ohne die
> Regierung auskommen. Ohne sie wird bei uns
> kein Drama gelöst.
>
> *Gogol,*
> ›Die Heimfahrt nach dem Theaterbesuch‹

Das Jahr 1667 war bedeutungsvoll und hatte keine Ähnlichkeit mit dem schlechten Vorjahr. Die beiden Personen, deren Leben ich verfolge, der König von Frankreich und der Direktor der Palais-Royal-Truppe, entwickelten in diesem Jahr zwei Ideen.

Die Idee des Königs bestand darin, daß seine Gemahlin Maria Theresia, die Tochter des spanischen Königs Philipp IV., die vor zwei Jahren gestorben war, ein Erbrecht auf die spanischen Besitzungen in den Niederlanden habe. Der König ging daran, diese Idee gründlich auszuarbeiten.

Die Idee des königlichen Komödianten war weniger bedeutsam, aber sie lockte ihn nicht minder als den König der Plan, Frankreich neue Länder einzuverleiben. Als unter dem Einfluß der Heilung die verdächtigen roten Flecke auf Molières Wangen schwanden und seine Augen den unguten fiebrigen Glanz verloren, holte er das Manuskript des ›Tartuffe‹ aus dem Schrank und begann es zu überarbeiten. Vor allem taufte er den Tartuffe in Panulphe um, zog ihm das geistliche Gewand aus und verwandelte ihn in einen Mann der großen Welt. Sodann strich er viele Bibelzitate, milderte die scharfen Stellen und schrieb auch das Finale gründlich um.

Dieses Finale ist bemerkenswert. Als der Gauner Tartuffe alias Panulphe schon triumphiert, die ehrlichen Menschen an den Bettelstab gebracht hat und es vor ihm keine Rettung mehr zu geben scheint, kommt doch noch Rettung, und die geht vom König aus. Ein tugendhafter Polizeioffizier, gleichsam vom Himmel gefallen, packt in höchster Not den Bösewicht am Kragen und spricht überdies einen eindringlichen Monolog, aus dem hervorgeht, daß, solange der König lebt, ehrliche Menschen keinen Grund zur Sorge haben und kein Gauner seinem Adlerblick entgeht. Ruhm dem Polizeioffizier, Ruhm dem König! Wenn sie nicht wären, wüßte ich wirklich nicht, wie Herr de Molière seinen ›Tartuffe‹ hätte lösen können. Ebensowenig wüßte ich, wie etwa einhundertsiebzig Jahre später in meiner fernen Heimat ein anderer kranker Satiriker sein ziemlich bekanntes Stück ›Der Revisor‹ gelöst hätte, wenn nicht rechtzeitig ein Gendarm aus Sankt Petersburg mit seinem Pferdeschweif auf dem Kopf angesprengt wäre.

Der Autor sah seine Korrekturen befriedigt durch, dann begann er schlaue Kreise um den König zu ziehen. Dieser hatte sich in große Höhen erhoben, schwebte kreisend in der Luft und ließ kein Auge von den Niederlanden. Während die spanischen Juristen scharfsinnig und wortreich den Nachweis führten, Maria Theresia und folglich auch König Ludwig XIV. könnten keinerlei Anspruch auf die spanischen Besitzungen erheben, befand der König, daß sich die Sache zu sehr in die Länge zog, und führte sie aus der juristischen Ebene heraus. Schon war er zu allem gerüstet. Seine Minister hatten sich der Zustimmung Portugals, Englands und anderer Länder versichert, und in der Luft stand plötzlich die unheildrohende Stille, die einem großen Gewitter vorauszugehen pflegt. Paris geriet in Bewegung. Die prächtig herausgeputzten Kavaliere machten auf einmal ernste Gesichter, enthielten sich der Lustbarkeiten und hüllten sich in ihre Militärmäntel.

Der Direktor der Palais-Royal-Truppe hielt den Moment für günstig. Mit verführerischem Lächeln trat er vor den König, zeigte ihm das Manuskript und berichtete, wie er das Stück verändert hatte. Der König blickte den Komödianten wohlwollend an, dachte dabei sicherlich an ganz andere Dinge und sagte etwas unbestimmt, er habe eigentlich gar nichts gegen das Stück. Molières Augen leuchteten auf, und er verließ das königliche Empfangszimmer.

Nach ihm trat der herbeibeorderte Marschall Turenne beim König ein, und Spanien und die Niederlande hatten noch nicht recht begriffen, wie ihnen geschah, als die französische Reiterei schon in die Niederlande einzog. Der Krieg begann.

Herr de Molière und seine Komödianten, fern dem Kanonendonner, probten mit großem Eifer den ›Tartuffe‹ unter dem neuen Titel ›Der Betrüger‹. Am 5. August, dem unvergeßlichen Premierentag, strömte das Publikum ins Palais-Royal. Die Einnahmen erreichten eintausendneunhundert Livres, und der Erfolg war gewaltig. Aber schon am nächsten Tag erschien im Palais-Royal ein Polizeioffizier des Pariser Parlaments und überreichte Herrn de Molière ein offizielles Schreiben des Parlamentspräsidenten Guillaume de Lamoignon, welches die sofortige Absetzung des ›Betrügers‹ verlangte.

Molière stürzte zur Herzogin von Orléans, die einen ihrer Vertrauten zum Präsidenten schickte. Dieser antwortete, er könne zu seinem größten Bedauern nichts tun, denn die Aufführung des ›Betrügers‹ sei vom König nicht genehmigt. Daraufhin suchte Molière den Präsidenten auf. Lamoignon empfing Molière aufs freundlichste, warf ihm nicht die Gottlosigkeit vor und nannte auch das Stück nicht gefährlich, sondern ließ sogar seinem Talent Gerechtigkeit widerfahren und machte ihm alle möglichen Komplimente. Er war vollendet zuvorkommend, lehnte es aber zum Schluß des Gesprächs rundweg ab, den ›Betrüger‹ zu genehmigen, ehe der König sein Wort gesprochen habe.

Für keines seiner Stücke hat Molière so hartnäckig gekämpft wie für ›Tartuffe‹. Er rief seinen treuen Gefährten, Schüler und Freund la Grange sowie Sieur de la Thorillière zu sich und bat sie, sofort einen Postwagen zu nehmen und nach Flandern ins königliche Hauptquartier zu fahren.

La Grange und la Thorillière nahmen tausend Livres und eine lange Bittschrift Molières mit, in der dieser Seine Majestät um Schutz vor dem wütenden Zorn jener Tartuffes bat, deren Existenz die Abfassung selbst der harmlosesten Komödien unmöglich mache. Molière versicherte dem König, er wolle mit seinem Stück lediglich den Monarchen nach dessen ruhmreichem Feldzug zerstreuen und ihn, bei dessen Namen ganz Europa zittere, zum Lächeln bringen. Er umarmte la Grange und la Thorillière, und am 8. August entschwand ihre gen Flandern rollende Kutsche in Wolken von Straßenstaub.

Die Worte »Tartuffe« und »Betrüger« blieben in Paris im Gespräch, und am 11. August schlug eine Neuigkeit ein. Ganz Paris las ein Sendschreiben des Erzbischofs, das in sehr eindringlichem Ton gehalten war und folgendermaßen begann:

»Da uns von unserem Fiskal gemeldet wurde, daß am Freitag, dem Fünften dieses Monats, in einem Theater der Stadt unter dem neuen Titel ›Der Betrüger‹ eine höchst gefährliche Komödie aufgeführt wurde, die für die Religion um so schädlicher ist, als sie unter dem Vorwand, Heuchelei und falsche Frömmigkeit zu verurteilen, all jene verunglimpft, die sich wahrer Frömmigkeit befleißigen ...«

Paris staunte, las das Sendschreiben, Molières Feinde freuten sich, die Theaterfanatiker, die am 5. August nicht im Theater gewesen waren, ärgerten sich, und der Erzbischof fuhr in seinem Sendschreiben fort, daß er, wohl wissend, wie gefährlich die

Beleidigung der Frömmigkeit sei, zumal in einer Zeit, in der der große König sein Leben für den Staat wage und man flammende Gebete für den Schutz seiner geheiligten Person und für seinen Sieg zum Himmel schicken müsse, daß er also, der Erzbischof, es verbiete, diese Komödie sowohl öffentlich als auch in privaten Zusammenkünften aufzuführen, zu lesen oder anzuhören, bei Strafe der Exkommunikation. Die Geistlichen der Kirchen Ste.-Marie-Magdalène und St.-Séverin wurden vom Erzbischof angewiesen, über die Einhaltung seines Befehls zu wachen.

»Gegeben zu Paris mit unserem Siegel am elften August des Jahres eintausendsechshundertsiebenundsechzig.«

Dieses Sendschreiben hatte großes Gewicht, das war selbst naiven Gemütern klar, und die Pariser begriffen, daß der ›Betrüger‹ verspielt hatte. Aber Molière unternahm noch einen Versuch, sein kostbares Werk freizubekommen. Einer seiner Freunde, vielleicht auch eine Gruppe von Freunden, veröffentlichte einen Brief, der sich für den ›Betrüger‹ einsetzte, doch der Brief änderte nichts.

Paris wurde Molière zuwider. Er sagte die Vorstellungen im Palais-Royal bis zur Rückkehr la Granges und la Thorillières ab, begab sich in das Dorf Auteuil bei Paris und mietete dort bei Sieur de Beaufort für vierhundert Livres jährlich eine Wohnung. Beaufort stellte ihm Küche, Eßzimmer, Schlafzimmer und zwei Mansardenzimmer zur Verfügung und räumte ihm das Recht ein, im Park spazierenzugehen. Für zwanzig Écus Aufpreis erhielt Molière ein weiteres Zimmer für den Fall, daß einer seiner Freunde ihn in Auteuil besuchte. Mit Armande verabredete er, Esprit-Madeleine mitzunehmen und in eine Auteuiler Privatpension zu geben. Ferner wurde vereinbart, daß die Köchin Laforest, der Molière, wie in Paris geschwatzt wurde, als erster seine neuen Komödien vorlas, um zu erfahren, ob sie komisch seien oder nicht, nach Auteuil kommen sollte, um zu kochen, wenn Molière Gäste hatte. Für die tägliche Bedienung engagierte er die Dienerin Martine. In die Auteuiler Mansarde überführte er Plutarch, Ovid, Horaz, Cäsar, Herodot und einen Traktat über Physik, verfaßt von seinem Freund Rohault, mit einer eigenhändigen Widmung des Autors.

So verschwand der Autor des ›Tartuffe‹ aus Paris.

Das Gastzimmer blieb übrigens nicht lange leer, denn bald zog dort sein treuer Freund Claude Chapelle ein. Er etablierte sich für längere Zeit, umgab sich mit zahlreichen Weinflaschen, leistete seinem Schulfreund Gesellschaft und wanderte mit ihm durch den spätsommerlichen Park des Sieur de Beaufort. Im September, als das Laub schon gelb geworden war, erschienen in Auteuil, ohne sich den Reisestaub abgewaschen zu haben, la Grange und la Thorillière. Nachdem sie den Direktor umarmt hatten, meldeten sie ihm, der König sei bei bester Gesundheit und der Feldzug siegreich. Was den ›Tartuffe‹ betreffe, so habe der König die Bittschrift wohlwollend aufgenommen, die Genehmigung jedoch bis zu seiner Rückkehr aus dem Krieg zurückgestellt.

Der König gewann seinen Krieg, und Herr de Molière, der nicht minder hartnäckig für seinen ›Tartuffe‹ gekämpft hatte, war geschlagen. Er hatte seinen Lazarus vom Tode erweckt, aber dieser hatte nur den einen Abend des 5. August gelebt.

25
Amphitryon

Molière machte sich nichts aus dem Lande und der Natur. Unser Komödiant war ein Stadtmensch, ein Sohn von Paris. Aber sein unglückliches Familienleben und seine jahrelange ununterbrochene Arbeit hatten ihn zermürbt, so daß ihm die Verbannung nach Auteuil guttat. Er hielt seine Verbindung mit Paris in Grenzen, besuchte nur das Theater und den Hof, verbrachte die aufführungsfreien Tage in der Auteuiler Mansarde und beobachtete, wie sich der Park des Sieur de Beaufort in den Jahreszeiten veränderte. Chapelle war für ständig nach Auteuil übergesiedelt, und von Zeit zu Zeit erschienen andere Freunde: Boileau und Lafontaine, denen sich gelegentlich Graf de Guilleragues, ein Diplomat und Liebhaber von Molières Werken, sowie Chapelles Freund Marquis de Jonsac anschlossen.

Die Gesellschaft kam nach Auteuil, um Molière von der Arbeit wegzuholen, über literarische Themen mit ihm zu plaudern, fremde schlechte Verse vorzutragen und Epigramme zu verfassen, unter anderem auf den Pariser Erzbischof Péréfixe. Die Zusammenkünfte endeten gewöhnlich mit einem Abendessen in Chapelles Zimmer. Diese Soupers waren bei allen, besonders bei Jonsac, sehr beliebt.

Einmal hatte Chapelle für das Abendessen die doppelte Menge Wein beschafft. Molière fühlte sich nicht wohl, er schaute nur für einen Moment bei der fröhlichen Gesellschaft herein, trank nicht und ging bald auf sein Zimmer. Die Zurückgebliebenen tafelten bis drei Uhr nachts, dann begriffen sie, daß das Leben widerlich sei. Chapelle führte das große Wort. Auteuil lag in tiefem Schlaf, und die Hähne hatten bereits gekräht.

»Das Leben ist nichts als Mühe und Plage!« schrie Chapelle unheilverkündend und wies drohend mit dem Finger ins Leere.

»Ganz deiner Meinung«, pflichteten ihm die Zechkumpane bei, »weiter, Chapelle!«

Chapelle warf ein Glas Rotwein um und begoß sich, was ihn noch mehr aufbrachte, und fuhr fort: »Ja, meine armen Freunde, Mühe und Plage! Seht euch doch mal um und sagt mir: Was seht ihr?«

»Jedenfalls nichts Gutes«, antwortete Boileau und blickte bitter in die Runde.

»Wissenschaft, Literatur, Kunst – alles hohl und nichtig«, schrie Chapelle. »Was ist Liebe? Was ist Liebe, meine unglücklichen Freunde?«

»Nichts als Trug«, sagte Jonsac.

»Jawohl!« Und Chapelle eiferte weiter: »Das ganze Leben ist Gram, Unglück und Ungerechtigkeit. Es erdrückt einen schier.« Und Chapelle brach in Tränen aus.

Nachdem die bekümmerten Freunde ihn ein wenig getröstet hatten, schloß er mit einem flammenden Appell: »Was können wir tun, Freunde? Das Leben ist eine finstere Grube, laßt uns von ihm scheiden! Kommt, meine Freunde, wir wollen uns ertränken! Seht, vor dem Fenster fließt der Fluß, er ruft uns zu sich.«

»Wir folgen dir«, sagten die Freunde, schnallten sich den Degen um und zogen den Mantel an, um zum Fluß aufzubrechen.

Der Radau wurde immer größer. Da ging die Tür auf, und auf der Schwelle erschien, in einen Mantel gehüllt, eine Nachtmütze auf dem Kopf und einen Kerzenstummel in der Hand, Molière. Er blickte auf das mit Rotwein überschwemmte Tischtuch und die tropfenden Talgkerzen.

»Was geht hier vor?« fragte er.

»Unser Leben ist unerträglich«, schluchzte Chapelle. »Leb wohl für immer, Molière. Wir gehen ins Wasser.«

»Ein guter Gedanke«, antwortete Molière traurig, »aber es ist nicht schön von euch, mich zu vergessen. Schließlich bin ich euer Freund.«

»Er hat recht! Das war gemein!« schrie Jonsac erbittert. »Kommt mit, Molière!«

Die Freunde küßten Molière ab und riefen: »Gehen wir!«

»Schön, gehen wir«, sagte Molière, »aber wißt ihr, Freunde, eigentlich ist es nicht gut, sich nachts nach dem Souper zu ertränken, denn die Leute werden sagen, wir hätten das im Suff getan. Nein, das macht man anders. Wir legen uns jetzt hin, schlafen bis zum Morgen, und um neun waschen wir uns, bringen uns in eine anständige Verfassung und gehen mit stolz erhobenem Haupt zum Fluß, damit alle sehen, daß wir uns als echte Denker ertränkt haben.

»Ein genialer Gedanke!« schrie Chapelle und küßte Molière noch einmal ab.

»Ich finde auch«, meldete sich Jonsac, ließ den Kopf auf den Tisch zwischen die Gläser sinken und schlief ein.

Es dauerte fast eine Stunde, bis Molière mit Unterstützung Martines und zweier Diener den Selbstmördern Degen, Perücken und Röcke abgenommen und jedem eine Lagerstatt gerichtet hatte. Als alles in Ordnung war, ging er in sein Zimmer, und da sein Schlaf einmal unterbrochen war, las er bis zum Sonnenaufgang.

Am nächsten Morgen wurde der Massenselbstmord nicht mehr erwähnt.

In der indischen Literatur soll es eine interessante, doch sehr unanständige Erzählung geben, in der ein Gott das Aussehen eines Mannes annimmt, dessen Frau er verführt. Als der Mann zurückkehrt, veranstaltet das Gericht, um herauszufinden, wer von den beiden der echte Ehemann ist, einen Liebeswettkampf, bei dem natürlich der Gott siegt.

Dieser oft verwendete Stoff wurde von dem Griechen Euripides und dem Römer Plautus verarbeitet. Auch Franzosen wandten sich dem Stoff zu, und der Dramatiker Rotrou schrieb ein Stück mit dem Titel ›Die beiden Sosias‹, das 1636 aufgeführt wurde. In Anlehnung an die genannten Autoren schrieb Molière in schönen Versen mit originellen Reimen die Komödie ›Amphitryon‹ und führte sie am 13. Januar 1668 auf. Sie wurde in der Saison neunundzwanzigmal gespielt und brachte Kassenrekorde. An Zahl der Vorstellungen folgten ihr ›Die modische Witwe‹ von de Visé, Molières ›Sizilianer‹ und Corneilles ›Atilla‹, die jedoch an Höhe der Einnahmen bedeutend hinter ›Amphitryon‹ zurückblieben.

Molière widmete seine Stücke gewohnheitsmäßig hochgestellten Persönlichkeiten. Den ›Amphitryon‹ widmete er dem erlauchten Prinzen Condé. Die Widmung enthielt die geistreiche Bemerkung, der Name des großen Condé sollte richtiger an der Spitze einer Armee stehen als am Kopf eines Buches.

Anläßlich des Friedensvertrages und des Anschlusses Flanderns an Frankreich wurden in den neu angelegten Versailler Gärten Festlichkeiten veranstaltet. Der Hofdramatiker Molière schrieb dazu eine dreiaktige Komödie in Prosa unter dem Titel ›George Dandin oder Der gefoppte Ehemann‹. In dem Stück agiert ein Bürger, der von aristokratischer Verwandtschaft träumt, eine Adlige ehelicht und unglücklich wird, weil sie ihn frech betrügt.

Als das Stück fertig war und sein Inhalt bekannt wurde, warnten Freunde den Autor, in Paris gebe es einen Mann, der sich zweifellos in George Dandin erkennen, gewaltigen Lärm schlagen und auf Rache sinnen werde. Molière bedankte sich für den Rat und sagte, er wolle einen Weg finden, den Mann mit dem Stück zu versöhnen. Noch am selben Abend traf der gewitzte Direktor im Theater den Bürger, der sich in Dandin erkennen könnte, trat auf ihn zu, fragte, ob er Zeit habe, und fügte liebenswürdig hinzu, er wolle ihm sein neues Stück vorlesen. Der Bürger erklärte geschmeichelt, er stehe jederzeit zur Verfügung, zum Beispiel schon am nächsten Abend, und fuhr gleich nach der Vorstellung los, um Gäste einzuladen.

»Möchten Sie mich morgen abend besuchen?« fragte er überall in Paris. »Es wird ein interessanter Abend. Übrigens«, fügte er ernst hinzu, »Molière hat mich gebeten, bei mir sein neues Stück vorlesen zu dürfen.«

Am nächsten Tag kam Molière kaum durch zu dem Tisch im Salon des Bürgers, so viele Leute waren da. Seit dieser Lesung zählte der Hausherr zu Molières begeisterten Anhängern.

Dem ›Dandin‹ folgte in kurzer Zeit eine andere, sehr bedeutsame Komödie unter dem Titel ›Der Geizige‹. Man kann getrost sagen, daß die Auteuiler Luft sich günstig auf den kranken Molière ausgewirkt hatte, denn 1668 war ein fruchtbares Jahr.

Am 11. Dezember dieses Jahres starb Marquise-Thérèse Duparc, die sich vor ihrem Tode mit der Darstellung von Racines Andromache im Hôtel de Bourgogne großen Ruhm erworben hatte. Eine hervorragende Tänzerin und in ihrer Reifezeit große Tragödin hatte die Welt verlassen. Molière verzieh der treubrüchigen Schauspielerin den Verrat und wünschte ihrer Asche Frieden.

26
Die große Auferstehung

Wer vermag die verschlungenen Wege eines Komödiantenlebens nachzuzeichnen? Wer erklärt mir, warum ein Stück, das 1664 und 1667 verboten war, 1669 auf einmal gespielt werden konnte?

Zu Beginn dieses Jahres ließ der König Molière zu sich rufen und sagte ihm:

»Ich erlaube Euch, den ›Tartuffe‹ zu spielen.«

Molière griff sich ans Herz, bezwang aber seine Schwäche, machte dem König eine tiefe Verbeugung und ging. Sofort begannen die Proben. Die Rolle des Tartuffe erhielt du Croisy, Molière selbst spielte den Orgon, Hubert die Madame Pernelle, la Thorillière den Cleante, la Grange den Valère, Madame de Brie die Mariane und Armande die Elmire. Die Premiere des auferstandenen Stücks, das jetzt den Titel ›Tartuffe oder Der Betrüger‹ trug, fand am 5. Februar statt. Daß das Stück Erfolg hatte, ist zu gering gesagt. Die Premiere war das Theaterereignis in Paris, und die Einnahme erreichte die einmalige Höhe von zweitausendachthundertsechzig Livres. Am Tag der Premiere schrieb Molière dem König einen Brief:

»Sire! Ein höchst ehrlicher Arzt, bei dem in Behandlung zu sein ich die Ehre habe, verspricht, mir das Leben um dreißig Jahre zu verlängern, wenn es mir gelänge, bei Eurer Majestät eine Gnade für ihn zu erbitten. Ich habe ihm geantwortet, daß ich soviel gar nicht benötige und zufrieden sein werde, wenn er sich verpflichtet, mich nicht umzubringen.

Diese Gnade, Majestät, ist der Posten des Kanonikus in Eurer Kapelle in Vincennes, der gegenwärtig vakant ist. Darf ich es wagen, von Eurer Majestät etwas zu erbitten am Tag der großen Auferstehung des ›Tartuffe‹, die ich Eurer Güte verdanke? Diese Eure Güte hat mich mit den Scheinheiligen ausgesöhnt. Sie wird mich auch mit den Ärzten aussöhnen.

Es ist zweifellos zuviel Gnade für mich, aber vielleicht nicht allzuviel für Eure Majestät!

In untertänigster Hoffnung erwarte ich die Antwort auf meine Bitte.«

Den Posten des Kanonikus sollte der Sohn des Arztes Mauvillain erhalten.

Der König ließ Molière rufen, und wie seinerzeit nach der

Aufführung der ersten drei Takte des ›Tartuffe‹ waren die beiden unter vier Augen. Der König blickte Molière an und dachte, daß dieser sehr gealtert sei.

»Was tut der Arzt für Euch?« fragte der König.

»Sire!« antwortete Molière. »Wir plaudern über alles Mögliche. Von Zeit zu Zeit verschreibt er mir Arzneien, und so akkurat, wie er sie mir verschreibt, mißachte ich seine Vorschriften und werde immer wieder gesund.«

Der König lachte, und der Sohn des Arztes Mauvillain erhielt alsbald das gewünschte Kanonikat.

Der ›Tartuffe‹ wurde in der Saison siebenunddreißigmal aufgeführt, und bei der Schlußabrechnung der Saison stellte sich heraus, daß ›Der Geizige‹ zehneinhalbtausend Livres erbracht hatte, ›George Dandin‹ sechstausend, ›Amphitryon‹ zweitausendeinhundertdreißig, ›Der Menschenfeind‹ zweitausend, ›Rodogune‹ von Pierre Corneille die sonderbare Zahl von achthundertacht und der ›Tartuffe‹ fünfundvierzigtausend Livres.

27
Herr von Pourceaugnac

Die Menschen, die mit meinem Helden gelebt hatten, verließen einer nach dem andern die Welt. Zwanzig Tage nach der ›Tartuffe‹-Premiere starb Molières alt und siech gewordener Vater Jean-Baptiste Poquelin. Ach, längst waren die Zeiten vorbei, in denen der debütierende Komödiant zum Vater lief und ihn durch Bitten um Geld verstörte. Gegen Ende seines Lebens hatten sich beim Vater die Lebensverhältnisse geändert, und der berühmte Sohn half dem alten Poquelin mehr als einmal aus schwieriger Lage.

Der Vater war also gegangen, und der Sohn setzte seine Arbeit fort. Im Herbst 1669 ließ König Ludwig in Chambord ein Fest veranstalten, und Molière schrieb dazu eine Ballettkomödie mit dem Titel ›Herr von Pourceaugnac‹.

Es ging um einen Edelmann aus Limoges, der nach seiner Ankunft in Paris von den Hauptstädtern ausgelacht und zum Narren gehalten wird. Die Pariser sagten, offenbar zu Recht, das Urbild Pourceaugnacs lebe zur selben Zeit in Paris. Der Mann war von Limoges in die Hauptstadt gekommen, hatte eine Vorstellung im Palais-Royal besucht und, auf der Bühne sitzend, sich ungehörig benommen. Er hatte sich mit den Schauspielern gezankt und sie aufs gröbste beschimpft, wofür Molière ihn dem allgemeinen Gespött preisgab. Der Gast aus der Provinz soll den ›Pourceaugnac‹ gesehen, sich darin erkannt haben und darüber so verärgert gewesen sein, daß er Molière vor Gericht verklagen wollte, was er dann aber doch unterließ.

Andere behaupteten, die komische Darstellung eines Limogers auf der Bühne sei ein Racheakt Molières, den man einmal in Limoges ausgepfiffen und mit Bratäpfeln beworfen hatte. Das ist wenig wahrscheinlich. Sollte sich Molière für etwas rächen, was zwanzig Jahre zurücklag? Überdies war er nicht nur in Limoges mit Äpfeln beworfen worden.

Die Limoger waren nicht nur von Molières Seite vielfachem Spott ausgesetzt, auch andere Autoren nahmen sich ihrer an, das ist sicher, denn die Limoger zeichneten sich durch viele unangenehme, komische und tölpelhafte Züge aus, die den scharfäugigen und witzigen Parisern natürlich auffielen. Darum waren auch schon vor Molière Limoger in der Literatur dargestellt und mit komischen und grobklotzigen Namen ausgestattet worden.

Seit Molière in seinen Komödien zum erstenmal die Ärzte attackiert hatte, kehrte er immer wieder zu ihnen zurück, denn er fand in der medizinischen Fakultät einen unerschöpflichen Born für seinen Spott. Auch im ›Pourceaugnac‹ gibt es Szenen mit komischen Ärzten und Apothekern. Aber auch die Juristen bekommen ihr Fett ab. Wir sehen, Molières einstiges Jurastudium war nicht umsonst, und er benutzte seine Kenntnisse, um die Rechtsverdreherei bloßzustellen.

Die Komödie war nach allgemeiner Meinung plump und oberflächlich, aber urkomisch geraten. Die Rolle des Pourceaugnac spielte Molière selbst, während Hubert die komische Frauenrolle der Gascognerin Lucette gab. Die Uraufführung fand am 6. Oktober 1669 in Chambord für den König statt, und dann kam das Stück auf die Bühne des Palais-Royal, wo es schönen Erfolg hatte. Es erbrachte die höchsten Einnahmen der Saison und schlug sogar den ›Tartuffe‹ und mit großem Abstand den ›George Dandin‹ und den ›Geizigen‹. Die Saison, in der der ›Pourceaugnac‹ lief, ist dadurch bemerkenswert, daß von den dreizehn Stücken, die insgesamt gespielt wurden, zwölf von Molière waren.

Der Ägypter verwandelt sich in Neptun, Neptun in Apollo und Apollo in Ludwig

Zu Beginn des Jahres 1670 ließ der König in Saint-Germain-en-Laye eine große Festlichkeit unter der Bezeichnung »Königliches Divertimento« ausrichten.

Molières königliche Truppe traf am 30. Januar in Saint-Germain ein, um dort die fünfaktige Ballett-Komödie ›Die edlen Verliebten‹ zu spielen, deren Stoff der König Molière vorgeschlagen hatte. In der reich ausgestatteten Komödie und in den Intermezzi wirkten nicht nur Prinzessinnen, Feldherren und Geistliche mit, sondern auch Nymphen, Tritonen, Kunstreiter auf Holzpferden und sogar tanzende Statuen.

Molière selbst spielte den Hofnarren Clitidas. In den Ballettnummern wirkten viele Hofkavaliere mit. Auf Felsen sitzend, stellten sie Meergötter und Tritonen dar, wobei sich der Graf d'Armagnac, der Marquis de Villeroi, Gingan senior und junior und viele andere besonders auszeichneten. Unter dem Geschmetter von Trompeten und dem Klappern von Perlmuscheln stieg der Meergott Neptun aus der Tiefe auf, und jedermann erkannte in ihm den König. Im weiteren Verlauf des Divertimento kleidete er sich um, trat im letzten Intermezzo bei bengalischer Beleuchtung noch einmal als Sonnengott Apollo auf und tanzte unter dem begeisterten Geraune der Höflinge.

Alles ging ungewöhnlich glatt, und es schien, als würde auch in den nächsten Tagen der Chor, der den König pries, nicht verstummen, es würden wohllautende Gedichte vorgetragen, und die Damen würden seufzend erzählen, wie bezaubernd der König in seinem griechischen Gewand sei. Jedoch trat ein Zwischenfall ein, den Sieur de Molière außerordentlich bedauerte. Schon am Tag nach der ersten Vorstellung verstummten plötzlich die Lobreden auf den königlichen Tanz. Im Hofjournal wurde mit keinem Wort erwähnt, daß der König an der Aufführung teilgenommen hatte. Schon nach wenigen Tagen erhielten Naive auf die Frage, wie sich der König nach dem Theaterauftritt fühle, von hochgestellten Höflingen die trockene Antwort: »Seine Majestät haben nicht an der Aufführung mitgewirkt.«

Die Sache klärte sich bald auf. Dem König war nämlich gleich nach der Premiere Racines soeben fertiggestellte Tragödie

›Britannicus‹ in die Hände geraten, die unter anderem folgende Zeilen über den römischen Kaiser Nero enthält:

> Er tritt als Akteur vor den Römern auf,
> Vergeudet dafür seine Stimme,
> Spricht Verse und will sich vergöttert sehn,
> Die Soldaten spenden ihm Beifall.

Das ist alles. Kaum aber hatte Ludwig diese Stelle gelesen, da stellte er seine Theaterauftritte ein.

»Die Pest soll diesen Jean Racine holen!« knirschte Molière hustend und spuckend.

Nach den Festlichkeiten von Saint-Germain wurde Molière wieder von den Sorgen der laufenden Sommersaison beansprucht. Im April verließ der lahme Louis Béjart die Truppe. Fünfundzwanzig Jahre lang hatte er mit Molière zusammengearbeitet. Schon als Junge war er mit Molière hinter den Ochsengespannen her durch die Hitze der südlichen Straßen gezogen und hatte komische junge Diener gespielt. Gegen Ende seiner Tätigkeit wurde er berühmt durch die beispiellose Gestaltung des »Galgenstricks«, wie Harpagon ihn nennt, des durchtriebenen Dieners Pfeilgeschwind im ›Geizigen‹. Jetzt war er müde geworden, und die Truppe unter Vorsitz Molières faßte in feierlicher Sitzung einen Akt ab, in dem sie sich verpflichtete, Louis Béjart eine Lebensrente von eintausend Livres jährlich zu zahlen, solange sie existierte. Louis trat in den Ruhestand.

Um die Truppe zu ergänzen, engagierte Molière zwei Provinzschauspieler, Mann und Frau. Jean Pitel, der sich Beauval nannte, begann seine Karriere als Kerzenlöscher und wurde sehr bald Schauspieler. Seine Frau, Jeanne de Beauval, spezialisierte sich auf Königinnenrollen in Tragödien und auf Soubretten in Komödien. Molière mußte viel Kraft aufwenden, um dem Ehepaar sein System beizubringen und ihm die Provinzmanieren auf der Bühne abzugewöhnen.

Das Jahr 1670 stand ganz im Zeichen ununterbrochener Zerstreuungen und Festlichkeiten in den verschiedenen Residenzen des Königs. Die Kette der Vergnügungen wurde nur für kurze Zeit durch ein trauriges Ereignis unterbrochen: In den Händen ihres ungeschickten Arztes starb Henriette, die Frau des Herzogs von Orléans. Der Hof legte Trauer an, und der Prediger Bossuet ließ am Grabe der Toten einen Redestrom fließen, so schön, daß er den Höflingen Tränen in die Augen trieb. Die

Trauerzeit endete an dem von der Etikette vorgeschriebenen Tag, und wieder begannen die Festlichkeiten. In den Wäldern von Chambord schmetterten Hörner, der Hof ritt auf die Jagd. Molière und der Komponist Lulli, der bei Hofe immer mehr Ruhm und Einfluß gewann, erhielten den Auftrag, für das Chamborder Fest eine Komödie mit Musik zu schreiben, in der unbedingt Türken vorkommen sollten.

Dies hing damit zusammen, daß der König im vergangenen Herbst in Versailles den türkischen Gesandten Soliman-Aga nebst Gefolge empfangen hatte. Die Türken mußten sehr lange warten und wurden dann in der mit übernatürlicher Pracht ausgestatteten Galerie des Neuen Palais empfangen. Der König saß auf dem Thron, und seine Kleidung war mit Brillanten für vierzehn Millionen Livres geschmückt.

Aber der erfahrene Diplomat Soliman-Aga hatte den französischen Hof mehr verblüfft, als man ihn hatte verblüffen wollen. Er setzte eine Miene auf, als trüge in der Türkei jedermann Brillanten für vierzehn Millionen Livres auf seiner Kleidung. Überhaupt ließen sich die schlauen Türken in keiner Weise beirren.

Dieses Benehmen der türkischen Abordnung mißfiel dem König, und die Höflinge, gewohnt, auf die kleinsten Veränderungen seines Mienenspiels zu achten, verspotteten ein Jahr lang die Türken, wie sie nur konnten. Darum also erhielten Komponist und Dramatiker den Auftrag, unbedingt eine närrische Szene mit Türken in das Stück aufzunehmen. Als Berater wurden ihnen der Kavalier Laurent d'Arvieux beigegeben, der den Orient bereist hatte und sie mit Informationen über türkische Sitten und Gebräuche versorgen sollte. Molière, Lulli und d'Arvieux zogen sich nach Auteuil zurück und arbeiteten den Plan des Stückes aus. Molière tat seine Arbeit mit gemischten Gefühlen. Er begriff allmählich, daß bei diesem Stück Musik und Ballett den Lorbeer davontragen und der dramatische Teil in den Hintergrund treten würde. Er begann Lullis Macht und Einfluß zu fürchten, denn er wußte, wie sehr dem König dessen Musik gefiel.

Auf diese Weise kam das Stück ›Der Bürger als Edelmann‹ zustande. Hauptperson war der Bürger Jourdain mit seiner fixen Idee, Aristokrat zu werden und der gehobenen Welt anzugehören. Molières Plan war großartig und geistreich. Außer Jourdain tritt ein Graf Dorante auf. Die Feindschaft des Adels auf Molière mußte sich sehr verstärken, denn dieser Dorante war als ehrloser Gauner und seine Geliebte, die Gräfin Dorimène, bestenfalls als zweifelhafte Person dargestellt.

Und die bestellten Türken? Sie kommen in dem Stück vor. Der übertölpelte Jourdain erhält von ihnen den nicht existierenden Rang eines Mamamutschi. Jourdain erscheint mit rasiertem Schädel auf der Bühne, und unter Musikbegleitung treten Türken auf, darunter ein Mufti mit brennenden Kerzen auf dem Hut. Die Türken müssen sich während der Zeremonie tüchtig verrenken, auf die Knie fallen, sich wieder erheben und »Gu-gu-gu«-Rufe erschallen lassen. Auch Jourdain muß niederknien, man legt ihm einen Koran auf den Rücken und ähnliches in dieser Art. Ich persönlich halte nicht viel von dem türkischen Teil des Stücks. Mögen andere beurteilen, ob zum Beispiel der Achtzeiler, mit dem der Mufti Jourdain anredet, witzig ist. Darin sind portugiesische, spanische und italienische Wörter vermengt, und die Verben stehen, wohl um Gelächter zu erregen, im Infinitiv.

> Wenn du wissen,
> Antwort müssen!
> Wenn nicht wissen,
> Schweigen müssen!
> Ich Mufti sein.
> Wie Name dein?
> Wenn nicht wissen,
> Schweigen müssen!

Kurz und gut, ich weiß weder dem Kavalier Laurent d'Arvieux für seine Ratschläge Dank noch dem Hof für diesen Auftrag, ebensowenig dem zermürbten und sorgenbeladenen Molière für das türkische Intermezzo, welches das gute Stück verdirbt.

Der ›Bürger‹ wurde am 14. Oktober 1670 in Chambord uraufgeführt. Molière war bestürzt, denn der König, dem er bei dem feierlichen Abendessen nach der Vorstellung als Kammerdiener aufwartete, äußerte zu dem Stück kein Wort. Sein Schweigen zeitigte alsbald üppige Ergebnisse. Es gab keinen, der das Stück nicht geschmäht hätte (natürlich nicht in Gegenwart des Königs).

»Um Gottes willen, meine Herren, erklären Sie mir bloß, was dieses dumme Zeug bedeutet, dieses galaba, belabalu und balaba, das die Türken rufen? Was soll denn das?«

»Unfug ist es, Euer Molière hat sich ausgeschrieben. Höchste Zeit ihm das Theater wegzunehmen.«

Leider muß man zugeben, daß die erwähnten Ausrufe tatsächlich nichts bedeuten und auch nicht lustig sind.

Am 16. Oktober fand die zweite Vorstellung statt, der wiederum der König beiwohnte. Nach der Vorstellung rief er Molière zu sich.

»Ich möchte Euch etwas zu Eurem Stück sagen, Molière«, begann er.

Los, bring mich um! lasen alle in Molières Augen.

»Ich habe Euch nach der Premiere nichts gesagt, weil ich noch kein rechtes Urteil hatte. Eure Schauspieler spielen einfach zu gut. Aber jetzt sehe ich, daß Ihr ein ausgezeichnetes Stück geschrieben habt. Keines Eurer Stücke hat mir so viel Vergnügen bereitet wie dieses.«

Kaum hatte der König Molière entlassen, als ihn die Höflinge umringten und das Stück mit Lob überhäuften. Das größte Lob spendete übrigens der Mann, der am Vorabend behauptet hatte, Molière habe sich ausgeschrieben. Hier seine Worte: »Unnachahmlich, dieser Molière! Wahrhaftig, alles, was er schreibt, ist von ungewöhnlicher komischer Kraft! Meine Herren, er ist viel stärker als die Autoren der Antike!«

Die Komödie wurde in Chambord wiederholt, dann in Saint-Germain, und Ende November zeigte Molière sie im Palais-Royal, wo sie großen Erfolg hatte und in der Saison 1670 mehr als vierundzwanzigtausend Livres einbrachte; damit trat sie an die erste Stelle. Den letzten Platz nahm ›Der Arzt wider Willen‹ ein, der die lächerliche Summe von hundertneunzig Livres einspielte.

1670 starb im achtzigsten Lebensjahr die Witwe Béjart, geborene Hervé, die Mutter Madeleines, die jene zweifelhaften Daten zu Protokoll gegeben hatte. Sie war eine der wenigen, die das Geheimnis von Armandes Geburt kannten, und sie nahm es mit ins Grab.

Von den Mimen des Hôtel de Bourgogne starb die große Deshayes.

Im selben Jahr erschien das berühmte Pasquill auf Molière unter dem Titel ›Élomire der Hypochonder‹. Sein Autor war Boulanger de Chalussay. Dieses Pasquill zog Leben und Tätigkeit Molières gründlich in den Schmutz. Schon das Wort »Hypochonder« im Titel zeigt, wie sehr der Autor Molière haßte, und der Inhalt läßt erkennen, daß ihm viele Fakten aus

Molières Leben genau bekannt waren. Molière hat das Werk sicherlich gelesen, aber er hat dem Autor niemals geantwortet.

Ein freudiges Ereignis dieses Jahres teile ich absichtlich zum Schluß mit. Zu Ostern erschien bei Molière nach vierjährigen Wanderungen durch die Provinz der siebzehnjährige Baron, zum Mann gereift und von strahlender Schönheit. Molière nahm ihn sofort in die Truppe auf, erkannte ihm das volle Schauspielergehalt zu und gab ihm die Rolle des Domitian in ›Titus und Berenice‹ von Pierre Corneille. Dieses Stück stand, was die Zahl der Vorstellungen und die Einnahmen betrifft, nach dem ›Bürger als Edelmann‹ auf dem zweiten Platz.

29
Gemeinsames Schaffen

Molière erhielt vom König den Auftrag, ein glanzvolles Stück mit Ballett für den Karneval 1671 zu schreiben, der in den Tuilerien gefeiert werden sollte. Der Dichter machte sich eilends an die Arbeit und schrieb die ›Psyche‹. Während der Arbeit überwältigten ihn immer öfter Krankheit und Anwandlungen von Hypochondrie, und er sah ein, daß er das Stück nicht termingerecht schaffen würde. Da entschloß er sich, andere um Hilfe zu bitten. Seine Beziehungen zu Pierre Corneille hatten sich nach dem Streit zur Zeit der ›Schule der Frauen‹ längst wieder normalisiert. Beide verband jetzt die gemeinsame Abneigung gegen Racine. Der Stern des alten Corneille war am Erlöschen, und Racines Stern stieg immer höher. Er wurde im Hôtel de Bourgogne gespielt, und Molière führte bei sich im Palais-Royale Corneille auf.

Molière bat Corneille um Mitarbeit, und der greise Dichter, der Geld brauchte, willigte gern ein. Die Arbeit wurde folgendermaßen aufgeteilt: Molière schuf den Plan für das Stück mit Ballett in fünf Akten und verfaßte den Prolog, den ersten Akt und die ersten Szenen des zweiten und dritten Aktes. Alles übrige schrieb Corneille in etwa fünfzehn Tagen nieder. Der Fünfundsechzigjährige wurde mit seiner Aufgabe vortrefflich fertig. Aber auch zu zweit hätten die beiden Meister die Arbeit nicht rechtzeitig bewältigt. Darum wurde ein Dritter hinzugezogen, der begabte Dichter und Dramatiker Philippe Quinault, der die Gesangsverse für das Stück schrieb.

Interessant ist das Vorwort zu dieser Ballett-Tragödie. Darin heißt es sehr vorsichtig, Herr de Molière habe sich bei dieser Arbeit weniger um dramaturgische Richtigkeit bemüht als um die Pracht und Schönheit der Inszenierung. Molière soll das Vorwort selbst verfaßt haben.

Die ›Psyche‹ wurde in den Tuilerien glanzvoll aufgeführt. Molière erhielt die besten Theatermaschinen und Flugapparate. In den Hauptrollen agierten Armande als Psyche und Baron als Amor. Beide nahmen mit erstklassigem Spiel die Zuschauer gefangen. Aber die Uraufführung am siebzehnten Januar fügte Molière eine neue schwere Wunde zu. In Paris kam ein Gerücht auf, das sich hartnäckig hielt und besagte, von der früheren Abneigung Armandes gegen den damals so frechen Bengel Baron sei keine Spur übriggeblieben, Armande habe sich in den schönen und vorzüglichen Schauspieler verliebt und sei seine Geliebte geworden. Auch dies ertrug der alternde und kranke Molière schweigend.

Am 15. März begann er mit der großen Renovierung des Palais-Royal. Sämtliche Logen und Balkone wurden erneuert, die Decke ausgebessert und mit Malereien versehen und die Bühne umgestaltet, so daß neue, komplizierte Theatermaschinen Platz fanden.

Die Truppe bat den Direktor, die ›Psyche‹ auf die Bühne des Palais-Royal zu bringen. Nach langem Zögern willigte er ein, obwohl die Anschaffung und Montage der neuen Maschinen und die prachtvollen Dekorationen große Schwierigkeiten bereiteten. Aber zu guter Letzt war all das geschafft und auch eine weitere Komplikation bewältigt: Früher, vor der ›Psyche‹, waren Musikanten und Sänger niemals vor dem Publikum aufgetreten. Sie hatten in Logen, hinter Gittern oder Vorhängen versteckt, gespielt und gesungen. Mit höherer Gage wurden sie bewogen, auf offener Bühne vor dem Publikum aufzutreten. Etwa eineinhalb Monate lang probte man die ›Psyche‹, und am 24. Juli fand die Premiere statt. Die Truppe wurde für ihre Mühen und Ausgaben reichlich entschädigt. Die eindrucksvolle Pracht der Aufführung zog stürmische Publikumswogen ins Palais-Royal, das Stück lief ungefähr fünfzigmal in der Saison und erbrachte siebenundvierzigtausend Livres.

Zwischen den Vorstellungen der ›Psyche‹ bei Hofe und ihrer Premiere im Palais-Royal hatte die Truppe mit mäßigem Erfolg

Molières Komödie ›Scapins Streiche‹ gespielt. Das Stück wurde als banal und der Feder eines Molière unwürdig bezeichnet. Eine unverständliche Meinung. Gerade dieses Stück hat vortreffliche Molièresche Komik, und zu Unrecht warf Boileau seinem Freund vor, daß er sich erniedrige und sich dem Geschmack des Publikums anpasse. Boileau meinte die Szene, in der ein Mann in einen Sack gesteckt und mit Knüppeln verprügelt wird, was er für abgeschmackte Schablone hielt. Er irrte: Das Stück ist eine sehr schön gestraffte Komödie, die nicht einmal von der unwahrscheinlichen Lösung verdorben wird. Die komischen Schauspieler des Palais-Royal mit Molière als Scapin brachten eine vorzügliche Aufführung zustande (das Liebespaar Octave und Leander spielten Baron und la Grange).

In diesem Jahr kam Molière nicht zum Ausspannen. Wieder erreichte ihn ein Auftrag des Königs. In Saint-Germain sollten gegen Jahresende anläßlich der Vermählung des Einzigen Königsbruders Festlichkeiten stattfinden. Molière schrieb eilig die Komödie ›Die Gräfin von Escarbagnas‹, zu der ihm Beobachtungen an Provinzlern als Stoff dienten. Die Komödie gefiel bei Hofe, besonders weil sie Balletteinlagen und Intermezzi enthielt.

30
Szenen im Park

Park in Auteuil. Herbst. Laub raschelt unter den Füßen. Zwei Männer gehen die Allee entlang. Der ältere stützt sich auf einen Stock, geht gebückt und hustet, sein Gesicht zuckt nervös. Der jüngere hat das rosige Gesicht eines Mannes, der etwas von Wein versteht. Er pfeift und trällert vor sich hin: »Mironton, mirontaine...«

Sie setzen sich und plaudern zunächst über dies und jenes. Der Jüngere, sechsundvierzigjährig, erzählt, er sei am Vorabend mit den Fäusten auf seinen Diener losgegangen, weil dieser ein Taugenichts sei.

»Gestern war er aber nüchtern«, sagt der Ältere hustend.

»Unsinn!« ruft der Jüngere. »Ich sag's noch einmal, er ist ein Taugenichts!«

»Ja doch«, antwortete der Ältere mit dumpfer Stimme. »Ich sage ja nur, er war ein nüchterner Taugenichts.«

Durchsichtig steht der herbstliche Himmel über dem Park von Auteuil.

Nach einiger Zeit wird das Gespräch lebhafter, und vom Fenster des Hauses aus ist zu sehen, wie der Ältere auf den Jüngeren einredet, der nur selten Antwort gibt.

Der Ältere sagt, er könne sie nicht vergessen und nicht ohne sie sein. Dann verflucht er sein Leben und beteuert, er sei sterbensunglücklich.

Ach, es ist furchtbar, in fremde Geheimnisse eingeweiht zu werden, besonders in Ehegeheimnisse! Der Jüngere krümmt sich unbehaglich. Ja, der Ältere tut ihm schon leid! Trotzdem möchte er jetzt Wein trinken. Schließlich sagt er vorsichtig ein paar verurteilende Worte über die Frau, ohne die der Ältere nicht sein könne. Er sagt nichts direkt, er streift nur leicht ein paar wunde Punkte, gleitet über die Geschichte mit der ›Psyche‹ hinweg, Gott behüte, er wolle gar nichts sagen über Armande und Baron. Aber eigentlich...

»Laß mich offen reden!« ruft er endlich aus. »Du mußt doch dumm sein. Wie kannst du denn in deinen Jahren zu einer Frau zurückkehren, die ... entschuldige schon, die dich nicht liebt.«

»Sie liebt mich nicht«, wiederholt der Ältere dumpf.

»Sie ist jung, kokett und – entschuldige – oberflächlich.«

»Sprich ruhig weiter«, antwortete der Ältere heiser, »du kannst sagen, was du magst, ich hasse sie.«

Der Jüngere breitet die Arme aus und denkt: Ach, hol der Teufel die ganze Geschichte! Mal liebt er sie, mal haßt er sie...

»Weißt du, ich werde bald sterben«, sagt der Ältere und fügt geheimnisvoll hinzu: »Du weißt doch, wie schwerkrank ich bin!«

O Gott, warum bin ich bloß in den Park gegangen? denkt der Jüngere, und laut sagt er: »Unsinn! Ich fühle mich auch schlecht.«

»Ich bin fünfzig, vergiß das nicht!« sagt der Ältere drohend.

»Mein Gott, gestern warst du achtundvierzig«, ereifert sich der Jüngere. »Man wird doch nicht gleich zwei Jahre älter, bloß weil man mißgestimmt ist!«

»Ich will zu ihr«, beharrt der Ältere monoton, »ich will wieder in die Rue St.-Thomas.«

»Um Himmels willen, ich bitte dich, gehen wir! Es ist kühl. Mir soll das auch egal sein. Meinetwegen versuche, dich mit ihr zu versöhnen. Aber ich weiß, dabei kommt nichts heraus.«

Die beiden kehren zum Haus zurück. Der Ältere verschwindet in der Tür.

»Leg dich zu Bett, Molière!« ruft ihm der Jüngere nach. Einige Zeit bleibt er vor der Tür stehen und überlegt. Da öffnet sich ein Fenster, und der Kopf des Älteren ohne Perücke und mit Nachtmütze erscheint.

»Chapelle, bist du noch da?« fragt er.

»Was gibt's?« antwortet der Jüngere.

»Was meinst du denn nun, soll ich zu ihr zurück oder nicht?«

»Mach das Fenster zu!« sagt der Jüngere und ballt die Fäuste.

Das Fenster klappt zu, der Jüngere spuckt aus und geht um die Hausecke. Gleich darauf hört man ihn seinem Diener zurufen: »He, Abstinenzler! Komm her!«

Am anderen Tag scheint die Herbstsonne fast sommerlich warm. Der Ältere schlendert die Allee entlang, heute nicht mit schleppenden Füßen und müde im dürren Laub schleifendem Rohrstock. Neben ihm geht ein Mann, wesentlich jünger als er, mit langer spitzer Nase, eckigem Kinn und ironischen Augen.

»Molière«, sagt er, »Ihr solltet die Bühne verlassen. Glaubt mir, es ist nicht gut, wenn der Autor des ›Menschenfeindes‹ ein Menschenfeind ist. Oh, das ist wichtig! Man findet es unschön, daß er mit angemalter Physiognomie zur Erheiterung des Parketts jemanden in den Sack steckt. Es steht Euch nicht zu Gesicht, Schauspieler zu sein. Es paßt sich nicht mehr, daß Ihr spielt, glaubt mir.«

»Mein lieber Boileau«, antwortet der Ältere, »ich werde die Bühne nicht verlassen.«

»Ihr solltet zufrieden sein, daß man Eure Werke spielt!«

»Davon hab ich auch nichts«, antwortet der Ältere, »überhaupt ist mir noch nie im Leben gelungen, etwas zu schreiben, was mich auch nur im geringsten zufriedengestellt hätte.«

»Kinderei!« ruft der Jüngere. »Ich will Euch mal was sagen: Der König hat mich gefragt, wen ich für den ersten Schriftsteller seines Reiches halte. Ich habe ihm gesagt: Euch, Molière!«

Der Ältere lacht, dann sagt er: »Ich danke Euch von Herzen, Ihr seid ein wahrer Freund, Despréaux, und ich verpflichte mich, Euch zu nennen, wenn der König mich fragt, wer der erste Poet sei.«

»Ich spreche im Ernst!« ruft der Jüngere, und seine Stimme hallt durch den leeren Park des Sieur de Beaufort.

31
Madeleine geht

Zu Beginn des Winters 1671 söhnte sich Molière mit seiner Frau aus, verließ Auteuil und kehrte nach Paris zurück. Zu dieser Zeit schloß er die Arbeit an dem Stück ›Die gelehrten Frauen‹ ab, das er nicht im Auftrag, sondern für sich geschrieben hatte. Er hatte daran etappenweise gearbeitet und es immer wieder zeitweilig liegenlassen.

Während er an den ›Gelehrten Frauen‹ schrieb, lag in demselben Hause, in dem er mit Armande wohnte, in einem Stübchen des Obergeschosses Madeleine Béjart schwerkrank darnieder. Sie hatte das Theater längst verlassen. Ihre letzte Rolle war die Nerine in ›Herr von Pourceaugnac‹ gewesen, und ihre letzten Worte auf der Bühne hatten gelautet:

»Und so wat sagste mir ins Gesicht un wirst nich mal schamrot? Biste denn janz jefühllos zu die Zärtlichkeit von dies süße kleene Jeschöpf? Aber ick laß nich locker, und trotz all deine Sperenzien werd icks beweisen, daß ick deine rechtmäßige Ehegattin bin, un ick lasse dir hängen, da kannste Jift druff nehmen.«

Madeleine hatte nicht nur das Theater verlassen, sondern überhaupt allem Weltlichen entsagt. Sie war religiös geworden, betete unablässig, beweinte ihre Sünden und sprach nur noch mit einem Geistlichen oder mit ihrem Notar. Im Januar 1672 ging es ihr sehr schlecht. Reglos lag sie im Bett, an dessen Kopfende ein Kruzifix hing.

Am 9. Januar diktierte sie ihr Testament, in dem sie ihr ganzes erspartes Vermögen Armande hinterließ. Geneviève und Louis setzte sie eine kleine Rente aus. Sie ordnete auch alles andere, bestellte sich Totenmessen und verfügte, täglich fünf Armen je fünf Sous auszuzahlen zu Ehren der fünf Wunden Christi. Solchermaßen auf den Tod vorbereitet, rief sie Armande und Molière zu sich und beschwor sie im Namen des Heilands, einträchtig zu leben.

Am 9. Februar 1672 erhielt die Truppe den königlichen Befehl, sofort nach Saint-Germain zu fahren. Hier erreichte Molière Mitte Februar die Nachricht, es gehe Madeleine sehr schlecht. Er eilte nach Paris, schloß seiner ersten Freundin die Augen und beerdigte sie. Der Pariser Erzbischof hatte erlaubt, Madeleine nach christlichem Brauch zu begraben, weil sie den Komödiantenberuf aufgegeben hatte und als gottesfürchtig bekannt gewesen war. Sie wurde nach einer Messe in der Kirche St.-Germain l'Auxerrois feierlich auf dem Friedhof der Kirche Saint-Paul neben ihrem Bruder Joseph und ihrer Mutter Marie Hervé beigesetzt.

Madeleine war am 17. Februar 1672 gestorben, und etwa einen Monat später fand im Palais-Royal die Premiere der ›Gelehrten Frauen‹ statt. Pariser Kenner stellten dieses Stück neben Molières stärkste Werke. Andere kritisierten ihn heftig und sagten, er erniedrige darin die Frau und beweise, daß ihre Bildung nicht über die Küche hinauszugehen habe.

In dem Stück wurden zwei lebende Personen verspottet: Boileaus Feind und Verfasser der ›Satire der Satiren‹, Doktor der Theologie Cotin, und unser alter Bekannter Gilles Ménage. Ersterer trägt im Stück den Namen Trissotin, der zweite heißt Vadius.

Während die Komödianten im Palais-Royal die ›Gelehrten Frauen‹ mit mäßigem Erfolg spielten, hing plötzlich wieder eine drohende Wolke über dem Land, die sich am 7. April als Krieg mit den Niederlanden entlud. Wieder, wie vor fünf Jahren, stürmte die französische Armee gen Osten, nahm machtvoll Stadt um Stadt. Jean-Baptiste de Molière, fern vom Gewitter des Krieges, war mit seinen persönlichen Angelegenheiten beschäftigt. Er war jetzt ein vermögender Mann, denn er hatte durch seine Arbeit auf der Bühne beachtliche Gelder verdient. Außerdem war er durch Madeleines Erbe reicher geworden. Er mietete eine große Wohnung in der Rue de Richelieu, richtete sie luxuriös ein und sah dabei nicht aufs Geld. Das Erdgeschoß der zweistöckigen Wohnung wurde für Armande bestimmt, er selbst zog oben ein. Als alles fertig war und die Sachen an ihren Plätzen standen, erkannte er, daß die Schwermut von Auteuil ihn bis nach Paris verfolgt hatte. Sorgen und böse Vorahnungen zogen mit ihm in die oberen Räume.

Das Jahr 1672 war nicht gut. Lulli hatte großen Einfluß bei Hofe und erhielt das Privileg auf alle dramatischen Werke, zu denen er die Musik geschrieben hatte. Damit besaß er auch für viele Stücke von Molière das Autorenrecht.

Molière lief es kalt über den Rücken: Er brauchte sich nichts vorzumachen, der König hatte ihm seine Gunst entzogen. Der mittelmäßige Musiker Lulli, der keine tiefen selbständigen Ideen hatte und dem König in allem ergeben war, stand jetzt bei Ludwig in Gnaden.

Finster ging der Sommer hin. Das Ehepaar Molière war sich

wieder nahe, Armande erwartete ein Kind, aber ihre inneren Beziehungen hatten sich nicht gebessert, und es gab keinen Zweifel, daß sie sich nie wieder einrenken würden. Am 15. September gebar Armande einen Knaben, der in aller Eile auf die Namen Pierre-Jean-Baptiste-Armand getauft wurde, aber das Kind lebte nicht mal einen Monat. Im Winter schloß sich Molière in seinen oberen Räumen ein und schrieb die Komödie ›Der eingebildete Kranke‹. Um nicht von Lulli abhängig zu sein, bestellte er die Musik bei einem anderen Komponisten, Charpentier.

In dieser Komödie verlachte Molière die unvernünftigste Leidenschaft der Menschen: Todesangst und jämmerliche Krankheitsfurcht. Sein Haß auf die Ärzte hatte den höchsten Grad erreicht, und so waren sie in der Komödie als wahre Mißgeburten dargestellt – unwissend, geistig erstarrt, eigensüchtig, rückständig.

Molières Prolog zu diesem Stück zeigt, daß er des Königs Wohlwollen zurückzugewinnen suchte:

»Nach den ruhmreichen, ermüdenden und siegreichen Taten unseres erlauchten Monarchen ist es recht und billig, daß jeder, der die Feder zu führen weiß, nur dafür arbeitet, seinen Namen zu preisen und ihm Zerstreuung zu bereiten. Genau das will ich tun, und dieser Prolog ist ein Versuch, den großen Sieger zu preisen. Die nunmehr folgende Komödie soll dem König nach seinen edlen Mühen Zerstreuung bereiten.«

Im Prolog sollten mythologische Gottheiten agieren: Flora, Pan und Faune. Der Schlußchor sollte so klingen:

> Mag tausendfach das Echo tönen:
> Ludwig ist der größte König!
> Glücklich, wer sich ihm geweiht!

Aber seltsamerweise blieb der Prolog unaufgeführt. Ob das Kriegsglück dem König gerade in dieser Zeit den Rücken kehrte und der Prolog gestrichen werden mußte, um nicht spöttisch zu klingen, oder ob sich der König nicht mehr für das Schaffen seines Komödianten interessierte, jedenfalls wurde das Stück nicht bei Hofe, sondern im Palais-Royal uraufgeführt, und statt der mythologischen Götter trat eine Schäferin auf und sang einen neuen Prolog, der folgende Worte enthielt:

Ich habe nichts mit euch zu schaffen,
Ihr Ärzte, dumm an Geist und Herz!
Sind wohl lateinische Wörter Waffen
Für meinen unerträglichen Schmerz?

Am Freitag, dem 10. Februar 1673, fand die Premiere des ›Eingebildeten Kranken‹ statt und hatte großen Erfolg. In der zweiten und dritten Vorstellung war es ebenso. Die vierte Vorstellung war für den 17. Februar angesetzt.

32
Der böse Freitag

> Argan: Ist es auch nicht gefährlich,
> sich totzustellen?
> Toni: Nein, nein, was für eine Gefahr
> sollte dabeisein? Strecken Sie sich
> ruhig aus!
> ›Der eingebildete Kranke‹

Es war ein grauer Februartag. Im Obergeschoß des Hauses in der Rue de Richelieu ging im Arbeitszimmer hustend und krächzend ein Mann in smaragdgrünem Rock, den er über der Unterwäsche trug, auf dem abgetretenen Teppich hin und her. Sein Kopf war nach Weiberart mit einem seidenen Nachttuch umwunden. Im Kamin prasselte lustig das Holz, und es war angenehm, in das Feuer zu blicken, das von der Februartrübnis draußen ablenkte.

Der Mann durchmaß das Arbeitszimmer, blieb von Zeit zu Zeit stehen und betrachtete einen beim Fenster angehefteten Stich. Dieser stellte einen Mann mit kühnem Falkenantlitz und vorstehenden ernsten und klugen Augen dar, dessen straffgerollte Perückenlocken ihm auf die männlichen Schultern herabfielen. Unter dem Bild befand sich ein Wappen, ein Schild mit drei Blumen im Feld.

Der Mann im grünen Rock führte leise Selbstgespräche und belächelte bisweilen grimmig seine Gedanken. Wenn er vor das Porträt trat, glättete sich sein Gesicht, er beschirmte mit der Hand die Augen und genoß blinzelnd den Anblick.

»Ein guter Stich«, sagte er nachdenklich, »ein sehr guter Stich. Der Große Condé!« Er sagte es bedeutungsvoll, dann brabbelte er ein paarmal sinnlos: »Großer Condé, Großer Condé ...« Des weiteren murmelte er: »Der Stich ... Ich bin zufrieden, daß ich ihn gekauft habe.«

Sodann durchquerte er das Zimmer, setzte sich in den Kaminsessel, zog die bloßen Füße aus den Nachtpantoffeln und hielt sie über das belebende Feuer.

»Rasieren muß ich mich«, sagte er grübelnd und rieb sich die rauhe Wange. »Oder nein, nicht nötig; langweilig, sich Tag für Tag zu rasieren.«

Nachdem er sich die Füße gewärmt hatte, schlüpfte er wieder in die Pantoffeln, trat vor die Bücherreihen und stand lange vor einem Schrank mit Manuskriptstapeln. Ein Blatt hing mit dem Rand über das Regalbrett hinaus. Der Mann zupfte das Manuskript heraus und las die Überschrift ›Korydon‹. Böse grinsend wollte er es zerreißen, aber die Hände versagten ihm den Dienst, er brach sich einen Fingernagel ab und schob das Manuskript mit einem Fluch zwischen die brennenden Scheite im Kamin. Einige Augenblicke lang war das Zimmer heller erleuchtet, dann zerfiel ›Korydon‹ zu schwarzer Asche.

Während der Mann oben den ›Korydon‹ verbrannte, unterhielt sich unten Armande mit Baron, der Molière besuchen wollte.

»Er ist nicht in die Kirche gegangen, er fühlt sich nicht wohl«, erzählte Armande.

»Was sollte er auch dort?« fragte Baron.

»Heute ist doch der Siebzehnte, Madeleines Todestag«, erklärte Armande, »ich habe eine Messe gehört.«

»Ach ja«, sagte Baron höflich. »Hustet er?«

Armande blickte ihn an. Die helle Perücke hing ihm in zwei Lockenbündeln auf die Schultern. Er trug einen neuen Seidenrock und an den Hosenknien kostbare Spitzenmanschetten, sein Degen hing an einer breiten Schärpe, und auf der Brust baumelte ihm ein Pelzmuff, den er ab und zu wohlgefällig betrachtete.

»Wie fein Ihr heute gekleidet seid!« sagte Armande und fügte hinzu: »Er hustet und hat schon den ganzen Vormittag die Dienerin angekläfft. Mir ist aufgefallen, daß Freitag sein schlimmster Tag ist. Ich habe in den letzten elf Jahren viele Freitage erlebt. Hört zu, geht zu ihm hinauf und bleibt nicht hier bei mir, sonst setzt die Dienerschaft wieder Gott weiß was für Gerüchte in Umlauf!«

Armande und Baron traten zur Treppe. Sie waren aber noch nicht hinaufgestiegen, als oben hinter der Tür ungeduldig geläutet wurde.

»Schon wieder klingeling«, seufzte Armande.

Da wurde die Tür geöffnet, und der Mann im grünen Rock trat auf den oberen Treppenabsatz.

»He, wer ist denn da?« fragte er unwirsch. »Warum, zum Teufel ... Ach, Ihr seid's? Guten Tag, Baron.«

»Guten Tag, Maître«, antwortete Baron und blickte nach oben.

»Ja, ja, guten Tag«, sagte der Mann, »ich möchte mit Euch sprechen.«

Er stützte die Ellbogen aufs Geländer und die Wangen in die Hände. So sah er aus wie ein Affe mit Nachtmütze, der zum Fenster hinausschaut. Armande und Baron stellten verwundert fest, daß er hier auf der Treppe mit ihnen sprechen wollte, und blieben unten stehen. Nach kurzem Schweigen sagte der Mann: »Ich möchte folgendes sagen: Wenn mein Leben ... Wenn in meinem Leben Glück und Unglück einander die Waage gehalten hätten, würde ich mich wahrlich glücklich preisen, meine Lieben!«

Armande blinzelte angespannt nach oben. Sie hatte nicht die geringste Lust hinaufzusteigen. Heute ist Freitag, Freitag, dachte sie. Die Hypochondrie geht wieder los.

»Bedenkt doch selbst!« fuhr der Mann pathetisch fort. »Wenn man niemals auch nur eine Minute lang Freude und Zufriedenheit empfindet, was ist dann? Ich sehe wohl, daß ich abtreten muß! Ja, meine Lieben«, fügte er bewegt hinzu, »ich gestehe euch, ich kann gegen all die Unannehmlichkeiten nicht mehr ankämpfen. Ich komme nicht zum Atemholen! Ist es nicht so? Ich glaube ohnehin, es geht mit mir zu Ende. Was sagt Ihr dazu, Baron?« Und der Mann ließ den Kopf auf das Geländer sinken.

Schweigen trat ein. Baron spürte, daß ihm die Worte des Mannes außerordentlich mißfielen. Er zog die Stirn kraus, warf Armande einen flüchtigen Blick zu und sagte: »Ich glaube, Maître, Ihr solltet heute nicht spielen.«

»Ja«, bestätigte Armande, »spiele heut nicht, du fühlst dich nicht gut.«

Von oben kam ein Knurren.

»Was redet ihr da? Wie kann ich die Vorstellung absagen? Sollen mich die Arbeiter verfluchen, weil ich ihnen den Abendverdienst vorenthalte?«

»Du fühlst dich doch schlecht?« sagte Armande unfreundlich.

»Ich fühle mich ausgezeichnet«, antwortete der Mann eigensinnig. »Ich möchte bloß wissen, warum bei uns lauter Nonnen durch die Wohnung schleichen.«

»Achte nicht darauf, sie sind aus dem Kloster der heiligen Klara und wollen in Paris Almosen sammeln. Laß sie bis morgen hierbleiben, sie werden unten sitzen und dich nicht stören.«

»Heilige Klara?« fragte der Mann verdutzt. »Heilige Klara? Warum gerade heilige Klara? Nun, wenn sie von der heiligen Klara kommen, sollen sie in der Küche sitzen! Sonst habe ich das Gefühl, daß hundert Nonnen durchs Haus schleichen! Gib ihnen fünf Livres.« Unvermittelt schlüpfte er in sein Zimmer und schloß hinter sich die Tür.

»Ich sage Euch, es ist Freitag«, erklärte Armande, »da führt er sich immer so auf.«

»Ich werde mal hinaufgehen«, sagte Baron unschlüssig.

»Das ist nicht ratsam«, sagte Armande, »gehen wir lieber essen.«

Am Abend wurde auf der Bühne des Palais-Royal der Baccalaureus Argan von komischen Doktoren mit schwarzen Kappen und von Apothekern mit Klistierspritzen zum Arzt geweiht.

> Was für Mittel, wenn der Atmungsgang
> Und die Lunge und die Leber krank?

Molière als Baccalaureus krähte fröhlich zur Antwort:

> Mit Klistier operieren,
> Die Adern lassieren
> Und schließlich purgieren!

Zweimal gelobte der Baccalaureus der medizinischen Fakultät Treue, und als der Präses einen dritten Eid verlangte, schwieg der Baccalaureus und sank stöhnend in den Sessel zurück. Die Schauspieler gerieten in Verlegenheit, denn solch einen Gag hatten sie nicht erwartet, und das Stöhnen klang sehr natürlich. Aber da stand der Baccalaureus auf, brach in Gelächter aus und rief auf lateinisch: »Ich schwöre!«

Im Parkett hatte man nichts bemerkt, nur einige Schauspieler sahen den Baccalaureus die Farbe wechseln und seine Stirn sich mit Schweiß bedecken. Chirurgen und Apotheker tanzten ihre Ballettnummer zu Ende, dann fiel der Vorhang.

»Was war mit Euch, Maître?« fragte beunruhigt la Grange, der den Kleanth spielte.

»Nichts weiter!« antwortete dieser. »Ein Stich in der Brust, war aber gleich vorbei.«

La Grange ging Kasse machen und irgendwelche Theatergeschäfte erledigen. Baron, der in der Aufführung nicht mitwirkte, suchte Molière in der Garderobe auf.

»Habt Ihr Euch schlecht gefühlt?« fragte er.

»Wie hat das Publikum die Vorstellung aufgenommen?« fragte Molière dagegen.

»Großartig. Aber Ihr seht schlecht aus, Maître.«

»Ich sehe sehr gut aus«, erwiderte Molière, »aber mir ist plötzlich kalt.« Seine Zähne klapperten.

Baron blickte Molière prüfend an, erbleichte und riß die Garderobentür auf.

»He, ist da jemand? Man soll sofort meine Sänfte bringen!«

Er nahm seinen Muff ab und ließ Molière die Hände hineinstecken. Dieser war überraschend friedlich, gehorchte schweigend, und wieder klapperten ihm die Zähne. Gleich darauf wurde Molière in seinen Mantel gehüllt, die Träger setzten ihn in die Sänfte und trugen ihn nach Hause.

Das Haus war noch dunkel, denn Armande, die die Angelika gespielt hatte, war auch eben erst eingetroffen. Baron flüsterte ihr zu, Molière fühle sich sehr schlecht. Menschen eilten mit Kerzen durchs Haus, und Molière wurde die Holztreppe hinaufgeführt. Armande gab unten Anweisungen und schickte den Diener nach einem Arzt.

Baron kleidete inzwischen Molière mit Hilfe der Dienerin aus und legte ihn ins Bett. Seine Unruhe wuchs.

»Maître, braucht Ihr etwas? Soll ich Euch vielleicht eine Tasse Bouillon bringen?«

Molière fletschte die Zähne und sagte mit bösem Lächeln: »Bouillon? O nein, ich weiß, woraus meine Frau Bouillon kocht. Die ist für mich Gift.«

»Soll ich Euch Eure Arznei geben?«

»Nein, nein«, antwortete Molière. »Ich habe Angst vor Arzneien, die man einnimmt. Tut etwas, damit ich schlafen kann.«

Baron drehte sich zu der Dienerin um und befahl ihr flüsternd: »Das Hopfenkissen, schnell!«

Die Dienerin brachte eilig das mit Hopfen gestopfte Kissen und schob es Molière unter den Kopf. Er mußte husten, und in seinem Taschentuch war Blut. Baron blickte genauer hin, hielt die Kerze näher an Molières Gesicht und sah die Nase spitz werden, Schatten unter die Augen treten und die Stirn sich mit Schweißtropfen bedecken.

»Warte hier«, flüsterte er der Dienerin zu, stürmte hinunter und stieß auf Jean Aubry, den Sohn jenes Léonard Aubry, der das Pflaster für die prachtvollen Kutschen gebaut hatte. Er war mit Geneviève Béjart verheiratet.

»Herr Aubry«, flüsterte Baron, »es steht schlimm, holt einen Priester!«

Aubry ächzte auf, zog sich den Hut tiefer ins Gesicht und rannte aus dem Haus. Bei der Treppe erschien Armande mit einer Kerze in der Hand.

»Madame Molière«, sagte Baron, »schickt noch jemand nach einem Priester, aber schnell!«

Armande ließ den Kerzenleuchter fallen und verschwand in der Dunkelheit. Baron lief die Treppe hinauf und zischte dabei wütend: »Zum Teufel, warum kommt denn kein Arzt?«

»Was braucht Ihr, Maître?« fragte er und wischte Molière mit einem Tuch die Stirn.

»Licht!« antwortete Molière. »Und Parmesankäse.«

»Käse!« sagte Baron zur Dienerin. Diese trat unschlüssig von einem Bein aufs andere, stellte den Leuchter auf einen Sessel und lief hinaus.

»Sagt meiner Frau, sie soll zu mir kommen«, befahl Molière.

Baron lief die Treppe hinab und rief: »Wer ist dort? Bringt mehr Kerzen! Madame Molière!«

Unten flammten in zitternden Händen nacheinander Kerzen auf. Währenddessen spannte Molière oben den ganzen Körper an, erbebte, und aus seiner Kehle brach ein Blutstrom auf die Wäsche. Im ersten Moment erschrak er, doch dann fühlte er sich erleichtert und dachte sogar: Das ist gut. Verblüfft sah er sein Schlafzimmer sich in einen Waldrand verwandeln, ein schwarzer Ritter wischte sich Blut vom Kopf, zerrte am Zügel und bemühte sich, unter seinem Pferd, das am Bein verwundet war, hervorzukommen. Das Pferd schlug um sich und erdrückte den Ritter. Unbegreifliche Stimmen ertönten im Schlafzimmer: »Chevaliers! Zu mir! Soissons ist tot!«

Die Schlacht bei Marfée, dachte Molière. Der Ritter, den sein Pferd zerquetscht, ist Sieur de Modène, Madeleines erster Liebhaber. Aus meiner Kehle strömt Blut, da muß eine Ader geplatzt sein. Das Blut würgte ihn, er bewegte krampfhaft den Unterkiefer. Modène verschwand aus seinen Augen, und Molière erblickte die Rhône, aber im Moment des Weltuntergangs – die Sonne sank als purpurrote Kugel ins Wasser, und der Kaiser d'Assouci schlug dazu die Laute. So was Dummes, dachte er, wie kommen die Rhône und die Laute hierher? Ich sterbe wohl ... Er konnte noch neugierig denken: Wie mag er aussehen, der Tod, da erblickte er ihn schon: Mit einer Nonnenhaube auf dem Kopf glitt er ins Zimmer und schlug über ihm ein großes Kreuz. Neugierig wollte er ihn betrachten, doch er nahm nichts mehr wahr.

Mit zwei Leuchtern in den Händen kam Baron die Treppe herauf. Ihm folgte Armande hastend, mit geraffter Schleppe. An der Hand zog sie ein rundwangiges Mädchen hinter sich her und flüsterte ihr zu: »Hab keine Angst, Esprit, wir gehen zum Vater!«

Von oben tönte näselnder Trauersang der Nonne. Armande und Baron eilten hinein und erblickten die Nonne mit betend gefalteten Händen.

Heilige Klara, dachte Armande, als sie Molière und das Bett blutüberströmt sah. Das Mädchen erschrak und weinte.

»Molière!« sagte Armande mit zitternder Stimme, wie sie noch nie gesprochen hatte, doch sie erhielt keine Antwort.

Baron stellte die Leuchter auf den Tisch, sprang hinaus, raste die Treppe hinunter, packte den Diener an der Brust und brüllte: »Wo hast du dich rumgetrieben? Wo ist der Arzt, du Tölpel?«

Verzweifelt antwortete der Diener: »Herr de Baron, was kann ich dafür! Keiner will zu Herrn de Molière kommen! Keiner!«

33
Erde bist du

Das ganze Haus war zutiefst bestürzt. Die Bestürzung teilte sich auch den Bettelnonnen mit: Nachdem sie eine Zeitlang über dem gewaschenen, aufgebahrten und zugedeckten Körper Molières gebetet hatten, wußten sie nicht, was sie weiter tun sollten. Die Erde weigerte sich nämlich, Herrn de Molière aufzunehmen.

Jean Aubry hatte am Vorabend vergeblich die Geistlichen der Gemeinde St.-Eustache, Lenfant und Lechat, angefleht, zu dem Sterbenden zu kommen. Beide hatten brüsk abgelehnt. Ein dritter, Paysant, dem der verzweifelte Aubry leid tat, war ins Haus des Komödianten gekommen, doch zu spät: Molière war schon tot. Da hatte er sich eilig wieder entfernt. Es konnte keine Rede davon sein, Molière mit kirchlichem Zeremoniel zu bestatten. Der sündige Komödiant war ohne Reue gestorben, hatte sich nicht von seinem Beruf, den die Kirche verurteilte, losgesagt und nicht schriftlich gelobt, nie wieder Komödien zu spielen, falls der Herr in seiner unendlichen Güte ihm die Gesundheit zurückgäbe.

Diese Formel hatte er nicht unterschrieben, und kein Geistlicher von Paris wollte ihn zum Friedhof geleiten. Übrigens hätte auch kein Friedhof ihn aufgenommen.

Armande war schon ganz verzweifelt, als aus Auteuil der Pfarrer François Loiseau eintraf, ein Freund Molières. Der Pfarrer unterwies Armande, wie sie ein Bittgesuch an den Pariser Erzbischof aufsetzen sollte, und fuhr sogar mit ihr zum Erzbischof, wiewohl er größter Unannehmlichkeiten gewärtig sein mußte.

Nach kurzem Warten in dem stillen Empfangszimmer durften die Witwe und der Pfarrer ins Arbeitszimmer des Erzbischofs treten, und Armande stand vor Harlay de Champvallon, dem Erzbischof von Paris.

»Euer Eminenz«, sagte die Witwe, »ich bin gekommen, Euch um Erlaubnis für die Bestattung meines verstorbenen Mannes in geweihter Erde zu bitten.«

Harlay de Champvallon las das Bittgesuch und sagte zu der Witwe, wobei er sie jedoch nicht ansah, sondern Loiseau einen schweren, aufmerksamen Blick zuwarf: »Ihr Mann, gnädige Frau, war Komödiant?«

»Ja«, antwortete Armande aufgeregt, »aber er ist als guter Christ gestorben. Das können zwei Nonnen aus dem Kloster der heiligen Klara von Annecy bezeugen, die in unserem Hause waren. Außerdem hat er letzte Ostern gebeichtet und das Abendmahl genommen.«

»Es tut mir sehr leid«, antwortete der Erzbischof, »aber ich kann Euch nicht helfen. Ich darf es nicht erlauben.«

»Wo soll ich denn mit dem Leichnam hin?« fragte Armande und brach in Tränen aus.

»Ich beklage ihn«, wiederholte der Erzbischof, »aber versteht, gnädige Frau, ich darf das Gesetz nicht übertreten.«

Loiseau, begleitet vom Blick des Erzbischofs, führte die schluchzende Armande hinaus.

»Ich muß ihn also aus der Stadt bringen und neben der Landstraße verscharren«, sagte Armande weinend und lehnte sich an die Schulter des Pfarrers.

Aber der treue Pfarrer ließ sie nicht im Stich und begab sich mit ihr in den königlichen Palast in Saint-Germain. Hier fand ihre Bitte Gehör. Der König empfing sie. Armande wurde in einen Saal geführt, wo er sie, an einem Tisch stehend, erwartete. Armande fiel stumm auf die Knie und brach in Tränen aus. Der König half ihr aufstehen und fragte: »Beruhigt Euch, Madame. Was kann ich für Euch tun?«

»Euer Majestät«, sagte Armande, »man erlaubt mir nicht, meinen Mann, Herrn de Molière, zu beerdigen. Ich bitte Eure Majestät, helft mir!«

Der König antwortete: »Für Euren verstorbenen Mann soll alles getan werden. Fahrt bitte nach Hause und versorgt den Leichnam.«

Armande, schluchzend und Dankesworte stammelnd, entfernte sich. Gleich darauf sprengte ein königlicher Bote zum Erzbischof. Als dieser im Palast erschien, fragte ihn der König: »Wie habt Ihr über den toten Molière entschieden?«

»Majestät«, antwortete Champvallon, »das Gesetz verbietet, ihn in geweihter Erde zu bestatten.«

»Wie tief reicht die geweihte Erde?« fragte der König.

»Vier Fuß, Euer Majestät«, antwortete der Erzbischof.

»So werdet Ihr ihn in fünf Fuß Tiefe beerdigen, Erzbischof«, sagte Ludwig. »Aber Feierlichkeiten und Skandale sind zu vermeiden.«

In der erzbischöflichen Kanzlei wurde ein Papier aufgesetzt:

»Nach Erwägung der Umstände, die bei der auf unser Geheiß angestellten Untersuchung ermittelt wurden, erlauben wir dem Geistlichen der Pfarrkirche St.-Eustache, den Körper des verstorbenen Molière mit kirchlichem Zeremoniell zu bestatten, unter der Bedingung allerdings, daß diese Bestattung ohne jede Feierlichkeit von höchstens zwei Geistlichen bei Nacht vollzogen wird und daß weder in der erwähnten Kirche St.-Eustache noch in einer anderen ein feierlicher Gottesdienst für den Frieden seiner Seele stattfindet.«

Kaum hatte sich in der Pariser Tapeziererzunft herumgesprochen, daß der Sohn des seligen, hochangesehenen Jean-Baptiste Poquelin, der Komödiant und Hoftapezierer de

Molière, verstorben war, kamen Vertreter der Zunft in die Rue de Richelieu und bedeckten den Leib des Komödianten mit der gestickten Innungsfahne. Damit wurde Molière in den Stand zurückversetzt, aus dem er eigenmächtig ausgetreten war.

Zur selben Zeit wurde ein findiger Mann beim Großen Condé, dessen Vorliebe für Molière er kannte, vorstellig und sagte: »Eure Hoheit, gestattet, Euch eine Grabschrift zu überreichen, die ich für Molière verfaßt habe.«

Der Condé nahm die Grabschrift entgegen, blickte den Autor an und antwortete:

»Ich danke Euch. Aber es wäre mir lieber gewesen, wenn er Eure Grabschrift verfaßt hätte.«

Am 21. Februar gegen neun Uhr abends, als Molière zu Grabe getragen werden sollte, sammelte sich vor dem Haus des verstorbenen Komödianten eine anderthalbhundertköpfige Menge. Aus was für Leuten sie bestand, wissen wir nicht. Aber sie war erregt, man hörte laute Rufe und sogar Pfiffe. Die Witwe wurde ängstlich angesichts der vielen Fremden. Auf den Rat ihrer Freunde öffnete sie das Fenster und wandte sich mit folgenden Worten an die Versammelten:

»Meine Herrschaften, ich bitte Euch, stört nicht die Ruhe meines verstorbenen Mannes. Ich versichere Euch, er war ein guter Mensch und ist als Christ gestorben. Wollt Ihr ihm nicht die Ehre erweisen und ihn auf den Friedhof geleiten?«

Jemand steckte ihr einen Lederbeutel zu, und sie verteilte Geld. Nach einigem Lärm wegen des Geldes kam alles in Ordnung, und vor dem Haus erschienen Fackeln. Um neun wurde der Holzsarg aus dem Hause getragen. Vornweg schritten schweigend zwei Geistliche. Neben dem Sarg gingen Knaben im Chorhemd und trugen riesige Wachskerzen. Hinter dem Sarg her floß ein Strom von Lichtern, und in der Menge waren bekannte Leute zu sehen: der Maler Pierre Mignard, der Fabeldichter Lafontaine und die Dichter Boileau und Chapelle. Sie alle trugen Fackeln, und hinter ihnen gingen in Reih und Glied, ebenfalls mit Fackeln, die Komödianten des Palais-Royal. Den Schluß bildete die auf etwa zweihundert Personen angewachsene Menge. In einer Straße, durch die der Zug kam, öffnete sich ein Fenster, eine Frau lehnte sich heraus und fragte laut: »Wer wird begraben?«

»Ein gewisser Molière«, antwortete eine andere Frau.

Dieser Molière wurde auf den St.-Joseph-Friedhof gebracht

und in der Abteilung für Selbstmörder und ungetaufte Kinder beigesetzt. In der Kirche St.-Eustache machte der Geistliche eine kurze Notiz, daß am 21. Februar 1673, einem Dienstag, auf dem St.-Joseph-Friedhof der Tapezierer und Königliche Kammerdiener Jean-Baptiste Poquelin beigesetzt worden sei.

Epilog
Abschied von dem bronzenen Komödianten

Seine Frau ließ eine Steinplatte auf das Grab legen und hundert Bündel Brennholz auf den Friedhof bringen, damit Obdachlose sich wärmen konnten. Schon im ersten Winter, der sehr streng war, wurde auf der Platte ein großes Feuer angezündet. Sie zersprang von der Hitze und fiel auseinander. Die Zeit trug die Stücke fort, und als hundertneunzehn Jahre später während der Französischen Revolution Kommissare erschienen, um die Gebeine Jean-Baptiste Molières zu exhumieren und in ein Mausoleum zu überführen, war niemand mehr imstande, genau anzugeben, wo er begraben lag. Zwar wurden menschliche Überreste geborgen und in das Mausoleum gebracht, doch kann niemand mit Sicherheit sagen, daß es die Gebeine von Molière waren. Wahrscheinlich wurde die Ehre einem Unbekannten zuteil.

So ging mein Held in die Erde von Paris ein und zerfiel in ihr zu Staub. Im Laufe der Zeit verschwanden auf rätselhafte Weise alle seine Manuskripte und Briefe. Es hieß, die Manuskripte seien bei einer Feuersbrunst verbrannt und die Briefe habe ein Fanatiker sorgfältig gesammelt und vernichtet. Kurzum, alles ging verloren außer zwei Blättern Papier, auf denen der Wanderkomödiant irgendwann einmal den Empfang von Geld für seine Truppe quittiert hat.

Aber der seiner Manuskripte und Briefe Beraubte verließ eines Tages die Erde der Selbstmörder und totgeborenen Kinder und erstand über der ausgetrockneten Brunnenschale. Da steht er! Das ist er, der königliche Komödiant mit den bronzenen Schuhschleifen! Und ich, dem nicht beschieden ist, ihn zu sehen, sende ihm meinen Abschiedsgruß.

Moskau, 1932–1933

Luchterhand Literaturverlag

Michail Bulgakow

Arztgeschichten
Aus dem Russischen
von Thomas Reschke
SL 67

Ein junger Arzt, der frisch von der Universität aufs Land kommt, um zu praktizieren, wird mit der rückständigen Realität des zaristischen Rußland konfrontiert, die Praxis lehrt ihn, den Kampf des sich selbst befreienden Volkes zu unterstützen. In diesen Erzählungen hat Michail Bulgakow seine eigenen Erfahrungen als praktizierender Arzt verarbeitet.
»Man kann, ohne einen Irrtum zu riskieren, voraussagen, daß der Leser bei der ersten und der wiederholten Lektüre der *Arztgeschichten* oft laut auflachen und fortwährend lächeln wird, nicht nur weil es komisch ist, sondern weil er das Gefühl empfindet, das man künstlerischen Genuß nennt – so lebendig, so talentiert, ist alles geschrieben.«

Aufzeichnungen eines Toten
Roman
Aus dem Russischen
von Thomas Reschke
SL 434

Um nicht Zeit seines Lebens ein kleiner Angestellter der Zeitung *Dampfschiffahrt* zu bleiben, beschließt Sergej Leontjewitsch Maksudow einen Roman zu schreiben. Das vernichtende Urteil seiner Freunde, von Journalisten und Schriftstellern wird nach Beendigung des Romans durch Ablehnung der Verlage bestätigt.
An jenem Tag, an dem Maksudow in Kiew Selbstmord beging, erhielt Bulgakow eine dicke Kreuzbandsendung und einen Brief; beides hatte der Selbstmörder vor seiner Tat abgeschickt. Er bat den Empfänger, als seinen einzigen Freund, die Aufzeichnungen unter seinem, Bulgakows Namen herauszugeben.

Die verhängnisvollen Eier
Aus dem Russischen
von Thomas Reschke
SL 548

Es geht um die geniale Erfindung eines ›Roten Strahls‹ am Zoologischen Institut von Moskau 1928. Bei einer Versuchsanordnung entdeckt der Institutsdirektor, daß sich im Lichtkreis dieses Strahls in rasender, alle bekannten Gesetzmäßigkeiten über den Haufen werfender, Geschwindigkeit neues Leben entwickelt. Noch in der Testphase, wird der ›Rote Strahl‹ zur Hühneraufzucht eingesetzt. Was jedoch später aus den Eiern quillt ist erschreckend: monströses Ungetier, Riesenschlangen, Krokodile von nie erblickter Art. Sie wälzen sich in Massen auf die Hauptstadt zu. Das rote Moskau scheint kaum noch zu retten ...

Der Meister und Margarita
Roman
Luchterhand Bibliothek
564 Seiten. Leinen